La Cuisine du lendemain

Du même auteur en collaboration avec Stéphanie Schwartzbrod :

La Cuisine des enfants, *Librio n° 323*

Delphine
Schwartzbrod

La Cuisine du lendemain

Librio

Au poulet qui va refroidir et au pain qui va se perdre.

Au frigo et au garde-manger,
sans lesquels aucun surplus ne pourrait subsister.

À la médaille où serait gravée :
«Tes plats sont meilleurs qu'hier et moins bons que demain.»

Préface

Les lendemains de fête sont souvent synonymes d'aspirine, de gueule de bois, de blues, de descente, voire de « petite mort », alors que pour d'autres il s'agit davantage de prolongations, de lieux à la mode et de lendemains qui chantent.
D'autant plus qu'aujourd'hui la tendance est plutôt à « l'after » !

Mariages, anniversaires, rites familiaux ou amicaux, pourquoi les lendemains ont-ils souvent la grâce d'être sans chichis, plus détendus et conviviaux que les événements eux-mêmes, guindés et cérémonieux ? Ne préfère-t-on pas le temps suspendu du 1er janvier à la fiesta obligatoire du 31 décembre ? Et si le lendemain est privilégié pour son atmosphère flottante, propice aux confidences surprises ou aux souvenirs partagés, n'est-ce pas aussi parce qu'on apprécie de passer un agréable moment autour de bons petits plats préparés ensemble ? Qui ne s'est pas régalé au petit déjeuner en piochant un des choux de la pièce montée quand, la veille, la faim n'était plus là au moment où elle est arrivée pourtant bien appétissante et intacte à la fin du repas ? C'est sans doute pour cette raison que, dans la langue russe, « petit déjeuner » (*zavtrak*) signifie aussi « demain »...

Par ailleurs, les plats traditionnels les plus savoureux (ceux qui sont encore meilleurs réchauffés plusieurs fois), qu'ils descendent des montagnes (comme le gratin dauphinois ou la tartiflette), qu'ils soient originaires des régions françaises (tels que la célèbre bouillabaisse marseillaise et le frichti alsacien) ou qu'ils viennent du monde entier (avec les fameuses pizzas italiennes, la paella espagnole, le couscous maghrébin, ou encore le générique riz cantonais), ne sont-ils pas nés du souci de « faire avec ce qu'on a sous la main » : le lait des vaches, les poissons de roche, la pâte à pain ? C'est aussi l'histoire du plat unique qui permet de faire un repas copieux ou festif, quels que soient les moyens dont on dispose…

Ce qui correspond aujourd'hui à « l'art d'accommoder les restes »

À la seule évocation de ces noms tous plus appétissants les uns que les autres, n'avez-vous pas l'eau à la bouche ? Ces ratatouille, tarama et taboulé qui évoquent le soleil, ces « bruschettas », croustades ou « crostinis » qui croustillent sous la dent, ces hachis Parmentier, œufs cocotte et tartines du dimanche soir qui nous font voyager dans l'enfance ? Et le roulé, le soufflé, le pané, ou encore le gelé, le velouté, le gratiné, mais aussi le glacé et même le fricassé ne vous inspirent-ils pas ?

Si tel est le cas, vous trouverez dans cet ouvrage de quoi « ressusciter » presque tout ce qui vous reste, ce qui vous encombre ou vous embarrasse, en quelques plats basiques. Peut-être réussirez-vous alors à les transformer vous-même en ces « classiques » familiaux dont se nourrissent la mémoire et l'imaginaire bien davantage que les corps…

Introduction

La peur de manquer de quelque chose, associée au remords de jeter, provoque chez certains une surabondance de plats, de courses ou d'ingrédients entamés que la culpabilité pousse impérativement à utiliser. Oui mais voilà, on n'a pas toujours les idées qui vont avec. D'où l'intérêt de cet ouvrage. Parce qu'il arrive à tout le monde au moins une fois, quelles que soient sa culture et sa génération, de cuisiner pour dix quand on n'est que six, d'acheter en promotion des biscuits qui ne plaisent à personne, ou de se retrouver face à des aliments « pratiques », comme un tube de mayonnaise ou un paquet de pain de mie, qu'il faut se dépêcher de finir parce qu'ils vont bientôt périmer.

Et pourtant il existe des recettes toutes simples : soufflés, œufs en gelée, lasagnes, risottos, gratins, tourtes, tartes, compotes, crumbles, et encore bien d'autres qui permettent de délicieuses variations en « seconde main », toutes consignées dans ce petit livre.

À condition, bien sûr, de toujours avoir suspendus au mur, rangés sous l'évier, ou en réserve dans son frigo, son congélateur et son garde-manger, les ustensiles, les plats et les ingrédients nécessaires…

Les ustensiles, les plats et les ingrédients nécessaires au « recyclage »

Ustensiles et plats

1 mixeur (d'ailleurs, s'il n'y avait qu'un seul ustensile à avoir, ce serait celui-ci)

1 doseur
1 batteur à œufs
1 fouet
1 râpe à fromage
1 couteau économe
des cure-dents en bois
des piques à brochette (en bois ou en inox en cas de cuisson)
1 planche à découper
1 couteau bien aiguisé
1 cuiller en bois
des couverts à salade
1 écumoire
1 passoire
1 bonne poêle antiadhésive
1 grande casserole à fond épais
des « coquilles » (comme les coquilles Saint-Jacques par exemple)
des ramequins individuels
1 plat à tarte
1 plat à gratin
1 moule à cake
1 pinceau de cuisine
des ciseaux de cuisine
2 grands saladiers (1 solide en émail et Pyrex pour la cuisine, et 1 autre plus joli pour la présentation)
1 rouleau de papier absorbant
du papier sulfurisé
1 rouleau de film protecteur
1 double décimètre

Ingrédients

Pour lier, épaissir, gratiner et paner

Les basiques : des œufs, de la chapelure, du gruyère râpé, et parfois même l'eau de cuisson.

... mais aussi : du parmesan, de la gelée, du vin, des amandes en poudre ou effilées, voire une préparation à la frangipane toute prête.

Pour contenir, enrober, unifier et présenter

Les basiques : de la pâte à tarte feuilletée, sablée ou brisée en rouleau, des pommes de terre, du fromage frais, du chocolat de couverture.

... mais aussi : des lasagnes sèches ou fraîches, du riz rond, de la semoule de couscous, de la glace à la vanille.

Pour alléger, parfumer, raffiner et donner du goût

Les basiques : des carrés de bouillon (de volaille, de légumes, et court-bouillon), de la bonne huile d'olive fruitée, de la sauce soja, du sucre vanillé.

... mais aussi : des yaourts grecs, du citron pressé, du lait de coco, du gingembre frais ou en poudre.

Et bien sûr : du sel craquant, du poivre savoureux, des têtes d'ail, des herbes fraîches ou surgelées (thym, menthe, ciboulette, persil...), de la farine, du beurre, du lait, de la crème fraîche, du sucre, que l'on a en général toujours dans ses placards.

... mais aussi : des champignons de Paris, des lardons, des crevettes, des olives, des câpres et des fruits secs que l'on rapporte parfois du supermarché.

Avant-propos

Ce livre nous présente des recettes pour quatre personnes. Cependant si vous n'êtes que deux, ne vous en faites pas, vous pourrez toujours consulter une autre recette « du lendemain », et inaugurer un nouveau concept : « les restes des restes ».

Vous découvrirez peu de soupes dans cet ouvrage, bien qu'avec un mixeur efficace et de la bonne crème fraîche, ce soit une recette de lendemain idéale. Un Librio leur est cependant entièrement consacré, *Les Soupes* de Pierre Clauss, alors n'hésitez pas à vous y référer !

De même, vous trouverez absents certains ingrédients qui malheureusement ne demeurent jamais en reste, ou pas souvent, comme les huîtres ou les petites crevettes grises, les « ravioles », les truffes ou les fraises des bois. Certes, après un repas de fête, du foie gras peut rester, et il se marierait d'ailleurs très bien avec une salade de haricots verts et de gésiers confits... Mais l'objectif est de recenser des recettes économiques, pratiques et simples à réaliser.

Certains éléments (ingrédients ou sauces), tout comme certains modes de préparation (gratins ou œufs cocotte), peuvent être exploités dans plusieurs recettes. Pour cela, n'hésitez pas à vous reporter à l'index en fin d'ouvrage.

Le pain, par exemple, qui reste souvent après un repas, sous forme de baguettes qui commencent déjà à durcir, en tranches briochées que plus personne ne mange ou encore sous plastique qui ne préserve pas le pain de sa fraîcheur. Vous trouverez ainsi des recettes de « bruschettas », de pain perdu et de rillettes qui, malgré des variétés de pains différentes, peuvent très bien s'intervertir.

Il en est de même pour la brousse qui compose les courgettes farcies comme les tartelettes parfumées à la fleur d'oranger, ainsi que la béchamel, la mayonnaise ou la sauce au yaourt.

Enfin, la confection des recettes reste délibérément vague, puisque tout dépend de vos propres ressources. Ainsi les termes employés sont génériques, « poisson », « volaille », et les recettes des « restes » ne sont pas précisées (taboulé, aïoli...), puisqu'on part du principe que c'est justement ce que vous avez à exploiter, donc qui existe déjà !

Ce qui reste quand les invités sont partis

Entre ceux qui devaient venir mais se sont excusés, ceux qui mangent d'habitude comme quatre et ce soir-là étaient patraques, ceux qui ont débarqué à l'improviste avec leur dernière conquête au régime minceur, nos invités nous jouent parfois de drôles de tours ; sans parler de notre angoisse de maîtresse de maison qui nous pousse à en faire toujours trop. On peut aussi faire partie de ceux qui débarrassent le soir même ou au contraire repoussent cette corvée au lendemain matin. Mais quel que soit le moment où l'on range la cuisine, qui n'a pas été un jour désespéré face à la quantité de plats cuisinés ou d'ingrédients restants ?... D'autant qu'on n'a bien sûr pas envie de jeter et qu'ils seront bientôt périmés. Alors, avant de les condamner en soulevant le couvercle de la poubelle, réfléchissez quand même à ce que vous pourriez en faire...

Avec du taboulé à la menthe préparé en trop grosse quantité pour un buffet…

Poisson en écorce de taboulé à la menthe

Ingrédients : *du taboulé à la menthe, 1 beau poisson (par exemple une dorade) vidé et écaillé d'environ 1 kg (ou 2 plus petits d'1 livre chacun), 2 œufs, 50 g d'amandes effilées, huile d'olive, sel, poivre.*

Plats et ustensiles : *1 faitout, 1 plat à gratin, 1 pinceau de cuisine.*

Préchauffez le four th. 7. Faites pocher le poisson dans le faitout le temps de l'ébullition, afin de lui ôter plus délicatement la peau après l'avoir égoutté. Une fois à nu, salez, poivrez, et déposez-le sur le plat à gratin huilé. Badigeonnez-le au pinceau avec les œufs battus et tartinez-le ensuite des deux côtés avec le taboulé, en le recouvrant complètement à l'exception de la tête. Saupoudrez avec les amandes et enfournez environ 1/2 heure selon le poids.

Ce plat est un véritable régal et peut être servi avec une salade de tomates.

*

Avec du poisson cuit resté autour de l'arête, et pour sortir du traditionnel «poisson froid-mayo», même si c'est aussi très bon...

Brochettes de poisson froides

Ingrédients : *du poisson froid et des sauces d'accompagnement, 100 g de grosses crevettes roses, 2 tomates, 2 citrons, 2 oignons blancs, thym, sel, poivre.*

Plats et ustensiles : *8 piques en bois à brochettes.*

Découpez les restes du poisson froid en «bouchées», les tomates en 8 quartiers, les citrons et les oignons en 4. Alternez sur chaque pique quelques bouchées de poisson, 1 quartier de citron et des grosses crevettes roses, 2 quartiers de tomates et 1 d'oignon. Salez, poivrez et saupoudrez de thym.
Servez les brochettes accompagnées d'une mayonnaise ou d'une sauce au yaourt (vous pouvez ici vous référer à la recette de la page 78).

Ces brochettes sont idéales à la belle saison pour un déjeuner léger.

Gratin de poisson, pommes de terre et œufs durs

Ingrédients : *du poisson froid, 4 pommes de terre, 4 œufs, 80 g de beurre, 50 g de farine, 1/2 l de lait (ou, mieux, si vous l'avez gardée en réserve, l'eau de cuisson du poisson), 150 g de gruyère râpé, sel, poivre.*

Plats et ustensiles : *1 plat à gratin, 1 casserole, 1 cuiller en bois.*

Préchauffez le four th. 7. Faites cuire à l'eau les pommes de terre bien « fermes » et les œufs durs. Beurrez le plat à gratin. Mettez-y les morceaux de poisson, les pommes de terre et les œufs durs coupés en 4.
Préparez la béchamel en faisant fondre 50 g de beurre dans la casserole, puis jetez-y la farine tout en remuant avec la cuiller en bois, afin d'obtenir un mélange homogène. À feu minimum, versez doucement le lait (ou l'eau de cuisson du poisson gardée en réserve), sans cesser de remuer jusqu'à épaississement. Salez et poivrez. Nappez le contenu du plat à gratin de cette béchamel, et recouvrez avec le gruyère râpé et le reste du beurre coupé en noisettes. Enfournez environ 20 minutes.

Un gratin très apprécié des enfants…

Coquilles de poisson

Ingrédients : *du poisson froid, 2 carottes, 100 g de champignons de Paris, 2 échalotes, 30 g de beurre, 30 g de farine, 1/3 l de lait, 120 g de chapelure, persil, 4 coquilles (des coquilles Saint-Jacques par exemple) sel, poivre.*

Plats et ustensiles : *1 casserole, 1 poêle.*

Préchauffez le four th. 7. Épluchez et coupez les carottes en rondelles, et faites-les cuire à l'eau salée pendant 15 minutes. Puis émincez grossièrement les champignons avant de les ajouter à la cuisson des carottes, environ 5 minutes. Égouttez le tout et disposez sur chaque coquille les restes de poisson, les carottes et les champignons. Préparez la béchamel en faisant blondir dans le beurre les échalotes hachées. Procédez ensuite comme indiqué (p. 16). Recouvrez alors les coquilles et nappez-les du mélange de chapelure et de persil. Salez, poivrez et enfournez 1/4 d'heure.

Vous pouvez également ajouter du parmesan râpé ou des amandes en poudre au mélange de chapelure et de persil.

Œufs cocotte au poisson

Ingrédients : *du poisson froid, 4 œufs, 25 cl de crème fraîche, 20 g de beurre, 4 brins d'estragon (pour le poisson blanc) ou d'aneth (pour le poisson rose), sel, poivre.*

Plats et ustensiles : *4 ramequins individuels, 1 plat à gratin.*

Préchauffez le four th. 7. Tapissez chaque ramequin de quelques noisettes de beurre, dans lesquels vous disposerez les restes de poisson. Cassez l'œuf entier pardessus en veillant à ce que le jaune et le blanc restent bien séparés. Rajoutez la crème fraîche. Déposez un brin d'estragon ou d'aneth. Salez et poivrez. Placez les 4 ramequins sur le plat à gratin, et recouvrez-les d'eau à moitié. Faites-les ensuite cuire au bain-marie 1/4 d'heure.

Cette base peut se décliner selon vos goûts et vos ressources de toutes sortes de manières : crevettes et paprika, épinards ou oseille, brousse et menthe, foies de volaille…

*

Avec de la volaille cuite restée sur la carcasse, pour sortir aussi du classique « poulet froid – mayo »...

Brochettes de volaille froides

Ingrédients : *de la volaille froide, 8 rondelles d'ananas, 16 tomates confites, 16 olives noires, origan, huile d'olive, sel, poivre.*

Plats et ustensiles : *8 piques à brochette en bois.*

Émincez les restes de volaille. Alternez sur chaque pique les morceaux récupérés, les 4 quarts de chaque rondelle d'ananas, 2 tomates confites et 2 olives noires. Saupoudrez d'origan. Salez, poivrez et arrosez d'un filet d'huile d'olive.

Vous pouvez accompagner ces brochettes avec de la semoule de couscous et une sauce au yaourt à la menthe (ou simplement avec cette sauce si vous préférez), qui donneront alors à cette recette une saveur orientale.

Penne forestière

Ingrédients : *de la volaille froide, 500 g de penne, 2 poireaux, 250 g de champignons de Paris, 400 g de brousse, 50 g de parmesan râpé, 1 bouquet de ciboulette, 2 cubes de bouillon de volaille, 2 gousses d'ail, huile d'olive, sel, poivre.*

Plats et ustensiles : *1 faitout, 1 saladier, 1 écumoire, 1 passoire, des couverts à salade.*

Coupez les gousses d'ail et les restes de volaille en « bouchées ». Placez-les dans le saladier avec la brousse émiettée et une rasade d'huile d'olive. Salez et poivrez. Coupez les poireaux en rondelles et faites-les cuire dans le faitout d'eau salée 1/4 d'heure. Rajoutez-y les champignons et la ciboulette coupée (en conservant quelques brins pour la décoration) encore 5 minutes et égouttez le tout à l'aide d'une écumoire en déposant le mélange dans le saladier. Conservez l'eau de cuisson complétée avec les 2 cubes de bouillon et un filet d'huile d'olive. Jetez les penne dans le bouillon obtenu, cuisez-les « al dente » (entre 9 et 11 minutes selon les marques), et versez immédiatement dans le saladier les pâtes, grossièrement égouttées pour y mêler du bouillon. Remuez énergiquement. Saupoudrez de parmesan, de brins entiers de ciboulette et d'une nouvelle rasade d'huile d'olive. Assaisonnez selon votre goût.

À prévoir en plat unique, ou avec une entrée et un dessert très légers, comme une soupe froide et une glace.

Fricassée de volaille blanche au lait de coco

Ingrédients : *de la volaille froide, 400 ml de lait de coco, 1 poignée de noix de cajou, 2 gousses d'ail, 1 échalote, 3 cuillers à soupe d'huile d'olive, curry en poudre, sel, poivre.*

Plats et ustensiles : *1 poêle, 1 cuiller en bois.*

Émincez les restes de volaille, l'échalote et les gousses d'ail. Salez, poivrez, et saupoudrez de curry. À feu maximum, dans la poêle préalablement chauffée, faites revenir le tout 5 à 10 minutes à l'huile d'olive, tout en continuant de remuer. Puis, après avoir baissé le feu au minimum, versez le lait de coco et laissez mijoter 5 à 10 minutes. Servez ensuite la préparation, après avoir incorporé les noix de cajou et poivré à nouveau.

Cette fricassée s'accommode bien avec du riz basmati safrané.

Poulet, œuf dur, mayonnaise

Ingrédients : *du poulet froid, 4 œufs, mayonnaise, ciboulette, sel, poivre.*

Plats et ustensiles : *1 casserole, 1 saladier, des couverts à salade.*

Émincez les restes de poulet. Faites cuire les œufs durs, passez-les sous l'eau froide pour les refroidir et coupez-les en rondelles. Mélangez le tout avec la mayonnaise (p. 85). Salez, poivrez et saupoudrez de ciboulette.

Cette salade peut être servie avec des toasts chauds coupés en triangles.

Canard, orange, gingembre

Ingrédients : *du canard froid, 4 oranges, 200 g de feuilles d'épinard fraîches, gingembre en poudre, 5 cuillers à soupe d'huile d'olive, 1 cuiller à soupe de vinaigre de xérès, 1 cuiller à soupe de moutarde, sel, poivre.*

Plats et ustensiles : *1 saladier, des couverts à salade.*

Rincez et essorez les feuilles d'épinard, avec lesquelles vous tapisserez ensuite le saladier. Émincez les restes de canard. Épluchez les oranges à vif, séparez les quartiers, ôtez leur peau et disposez le tout sur les feuilles d'épinard. Salez, poivrez, arrosez avec la vinaigrette et saupoudrez de gingembre.

Cette salade est encore meilleure avec du gingembre frais épluché et râpé.

Œufs en gelée, volaille et brin d'estragon

Ingrédients : *de la volaille froide, 4 œufs, quelques brins d'estragon, 1 sachet de gelée au madère déshydratée, 1 salade verte.*

Plats et ustensiles : *4 moules individuels ou des ramequins, 1 casserole.*

Faites cuire les œufs 6 minutes dans l'eau bouillante, refroidissez-les sous l'eau du robinet et écaillez-les délicatement. Émincez les restes de volaille. Lavez et essorez la salade verte. Préparez la moitié de la gelée selon le mode d'emploi indiqué, et versez-la dans chaque moule. Placez les brins d'estragon et la volaille émincée. Laissez prendre 1 heure au réfrigérateur. Sortez les moules et posez-y délicatement un œuf. Recouvrez avec l'autre moitié de la gelée préparée. S'il en reste, mettez-la dans un bol et laissez-la prendre 4 heures au réfrigérateur. Démoulez et servez « à l'assiette », au milieu des feuilles de salade verte et des cubes découpés dans le reste de la gelée.

Comme celle des œufs cocotte, cette recette peut très bien s'appliquer à toutes sortes d'autres compositions, avec du saumon fumé et de l'aneth, ou encore du jambon et du persil.
Attention, on n'a rien contre la fameuse « mayo ». Au contraire, elle est même très pratique et accompagne agréablement toutes sortes de plats et de sandwichs. Quelques recettes lui sont d'ailleurs consacrées (p. 15 et 19). Mais l'objet de cet ouvrage est justement de sortir un peu de l'ordinaire pour ne plus entendre le sempiternel « encore » ou « du veau, toujours du veau ! »

*

Avec un plateau de fromages trop copieux, parce qu'on ne sait jamais à l'avance si les invités auront encore faim...

Flamiche au fromage de chèvre et aux poireaux

Ingrédients : *du fromage de chèvre, 2 rouleaux de pâte feuilletée, 2 œufs, 8 poireaux, 50 g de beurre, 10 cl de crème fraîche, thym, sel, poivre.*

Plats et ustensiles : *1 poêle, 1 pinceau de cuisine, 1 plat à tarte, 1 fourchette.*

À feu très doux pendant environ 1 heure, faites fondre les poireaux coupés en rondelles dans le beurre salé et poivré. Hors du feu, ajoutez un œuf battu avec la crème fraîche. Séparez le blanc du jaune de l'autre œuf. Préchauffez le four th. 7. Étalez un des rouleaux sur le plat à tarte et tapissez ce dernier avec les morceaux de chèvre. Versez-y la fondue de poireaux. Salez, poivrez et saupoudrez de thym. Recouvrez ensuite la préparation avec l'autre rouleau. Assemblez les deux bords en les collant avec le blanc d'œuf, et badigeonnez au pinceau avec le jaune d'œuf. Faites des croisillons à la fourchette. Laissez cuire au four 1/2 heure environ et servez la flamiche lorsqu'elle est bien dorée.

Quiche ou croquettes au camembert

Ingrédients communs aux deux préparations qui suivent : *du camembert, 2 œufs, sel, poivre.*

Pour la quiche, il faut ajouter : *1 rouleau de pâte brisée, 1/4 l de lait, 25 cl de crème fraîche, et 1 plat à tarte.*

Pour les croquettes : *100 g de chapelure, 50 g de noix en poudre, 2 cuillers à soupe de farine et d'huile de friture, 3 assiettes à soupe, du papier absorbant et 1 poêle.*

Quiche : étalez la pâte dans le plat. Recouvrez-la avec le camembert coupé en lamelles. Nappez du mélange d'œufs battus, de crème et de lait. Salez, poivrez et mettez cuire la quiche 20 minutes au four préchauffé th. 7.

Croquettes : coupez le camembert en quartiers. Roulez successivement les quartiers obtenus dans les assiettes à soupe remplies de farine, des œufs battus salés et poivrés, et du mélange de chapelure et de noix en poudre. Faites revenir des deux côtés à la poêle généreusement huilée. Servez sur un plat nappé de papier absorbant.

Ces deux recettes peuvent toutes deux s'accompagner d'une salade verte assaisonnée à l'huile de noix et au vinaigre de xérès.

Tartiflette expresse

Ingrédients : *du reblochon, 4 pommes de terre, 2 oignons, 1 barquette de lardons, 30 g de beurre, 25 cl de crème fraîche, sel, poivre.*

Plats et ustensiles : *1 poêle, 1 plat à gratin, 1 casserole.*

Préchauffez le four th. 7. Faites cuire les pommes de terre à l'eau, pelez-les, coupez-les dans leur longueur et disposez-les sur le plat à gratin. Salez et poivrez.
Faites revenir 10 minutes, dans une poêle, les oignons et les lardons dans le beurre. Hors du feu, ajoutez la crème fraîche. Remuez et versez la préparation sur les pommes de terre. Nappez le tout avec des tranches de reblochon. Poivrez et enfournez 10 minutes.

La tartiflette peut être servie avec une frisée aux lardons.
Une autre solution du « dimanche soir » consiste à servir l'ancien plateau de fromages en plat unique, « à la paysanne » avec du bon pain (au levain ou aux noix) et des patates à l'eau, « à la corse » avec une bonne confiture de figues et un mélange de noix et de noisettes, ou « à la chasseur » avec de la gelée de groseilles, qui se marie très bien avec du vieux cantal.

*

Avec le pain, parce qu'on ne sait jamais précisément quelle quantité sera nécessaire, et parce qu'il n'y a rien de pire que d'en manquer au moment du fromage. Alors mieux vaut en acheter trop que pas assez, sous forme de petits pains ou en boule tranchée, pour pouvoir le congeler et le consommer plus facilement ensuite.

Bruschettas

Ingrédients communs aux trois préparations qui suivent : *4 tranches de pain (des baguettes coupées dans leur longueur, de belles tranches de « pain de campagne » ou de petits pains individuels séparés en deux), 3 x 2 gousses d'ail, 3 x 3 cuillers à soupe d'huile d'olive, thym, sel, poivre.*

Plats et ustensiles : *1 poêle, 1 râpe à fromage, 1 plat à gratin, 1 saladier.*

Champignons, gruyère : *400 g d'un mélange de champignons forestiers, comme des girolles, des cèpes et des trompettes de la mort, 150 g de gruyère râpé.*

Préchauffez le gril th. 7. Émincez les champignons et l'ail. Faites-les revenir dans l'huile d'olive. Salez, poivrez et saupoudrez de thym à la fin de la cuisson. Grillez légèrement le pain, puis tartinez-le du mélange de champignons. Recouvrez-le ensuite de gruyère râpé. Placez les tartines dans le plat à gratin et laissez cuire le temps que le fromage fonde.

Courgettes, bleu : *2 grosses courgettes, 150 g de bleu.*

Préchauffez le gril th. 7. Épluchez les courgettes et coupez-les en lamelles dans leur longueur. Faites-les revenir dans l'huile d'olive et l'ail. Salez, poivrez et saupoudrez de thym en fin de cuisson. Grillez légèrement le pain sur lequel vous disposerez les lamelles de courgettes. Nappez ensuite de fines tranches de bleu. Placez les tartines dans le plat à gratin et enfournez un peu moins de 5 minutes.

Sardines, tomates confites : *8 filets de sardines, 12 tomates confites, le jus d'1 citron, gros sel.*

Laissez mariner les filets de sardine pendant 2 heures dans le mélange d'huile d'olive, citron et thym. Faites griller le pain et posez sur chaque tranche 3 tomates confites, puis 2 filets de sardines. Saupoudrez de gros sel et de poivre.
Présentez la « bruschetta » dans un plat à gratin.

Ces trois recettes sont très agréables à déguster à l'occasion du brunch du dimanche, au lendemain d'une fête quand on s'est levé un peu tard...

Panade

Ingrédients : *4 tranches de pain, 2 cubes de bouillon de volaille, 4 cuillers à soupe d'huile d'olive, 2 jaunes d'œufs, 30 g de beurre, sel, poivre.*

Plats et ustensiles : *1 faitout, 1 cuiller en bois, 1 fouet, 1 saladier, 1 casserole.*

Faites revenir 5 minutes à l'huile d'olive le pain grossièrement coupé dans le faitout. Mouillez avec le bouillon obtenu dans 1 litre d'eau. Salez, poivrez, et laissez mijoter 15 minutes en n'oubliant pas de mélanger régulièrement à la cuiller en bois pour que le pain n'attache pas. Dans le saladier, fouettez les jaunes d'œuf avec une cuiller à soupe d'eau froide. Versez-y délicatement la panade brûlante, tout en continuant de remuer.
Servez immédiatement en saupoudrant de quelques noisettes de beurre.

Il s'agit d'un plat assez rustique, à garder pour les jours de grand froid, de disette ou de nostalgie...

Pain perdu aux amandes

Ingrédients : *12 petites tranches de pain, 3 œufs entiers, 1/2 l de lait, 250 g d'amandes en poudre, 50 g d'amandes effilées, 5 cuillers à soupe de rhum, 75 g de sucre en poudre, 3 sachets de sucre vanillé, 75 g de beurre.*

Plats et ustensiles : *1 saladier, 1 écumoire, 1 poêle, 1 fouet.*

Fouettez ensemble dans le saladier les œufs, le lait, la moitié du sucre, les amandes en poudre et le rhum. Trempez-y successivement les tranches de pain à l'aide de l'écumoire pour qu'elles soient bien imprégnées, et jetez-les ensuite dans la poêle préalablement chauffée et régulièrement beurrée.
Saupoudrez avec le sucre vanillé et les amandes effilées avant de servir.

Cette recette est délicieuse avec une boule de glace à la vanille, ou au chocolat si les amandes en poudre sont remplacées par de la noix de coco en poudre ou des lamelles de noix de coco séchées.

*

Avec la mousse au chocolat qui réjouit autant les petits que les grands, à tel point qu'on en fait toujours trop…

Coupes « after eight »

Ingrédients : *de la mousse au chocolat, 1 bac de glace à la menthe, 1 paquet de biscuits raffinés.*

Plats et ustensiles : *coupes individuelles ou ramequins.*

Disposez dans chaque coupe une généreuse cuiller de mousse au chocolat, une boule de glace à la menthe et un biscuit.

La boule de glace peut être agrémentée d'une feuille de menthe ou saupoudrée de vermicelles au chocolat pour les enfants ou les plus gourmands.

Aujourd'hui c'est purée, demain ce sera croquettes de pommes de terre !

Quand j'étais petite, ma mère servait toujours son poulet rôti avec une purée maison, dans laquelle on formait le traditionnel « cratère » pour y faire dégouliner le jus si odorant… Mais moi je pensais déjà au lendemain et je me retenais d'en reprendre, parce que j'avais trop envie qu'il en reste pour que maman puisse faire son célèbre hachis Parmentier détourné ou les croquettes mentionnées dans le chapitre « Dessine-moi une madeleine » de la *Cuisine des enfants*.
Aujourd'hui je sais mieux goûter l'instant présent, mais je n'oublie jamais qu'il y a une vie après…

Après le poulet rôti et la purée maison…

Hachis Parmentier au poulet avec son jus

Ingrédients : *la carcasse et le jus du poulet, de la purée, 1 œuf et 1 blanc d'œuf, 2 gousses d'ail, 30 g de beurre, 100 g de gruyère râpé, ciboulette, sel, poivre.*

Plats et ustensiles : *1 poêle, 1 plat à gratin, 1 mixeur, 1 batteur.*

Décarcassez le poulet et mixez grossièrement les lambeaux obtenus avec l'ail. Faites revenir le mélange à la poêle dans la moitié du beurre. Ajoutez le jus, salez, poivrez et saupoudrez de ciboulette. Hors du feu, ajoutez l'œuf battu et remuez jusqu'à ce que le mélange soit homogène. Battez le blanc en neige et incorporez-le délicatement à la purée. Tapissez le plat à gratin de l'autre moitié du beurre et de la farce obtenue. Recouvrez alors avec la purée et le gruyère râpé, et laissez cuire 1/4 d'heure au four préchauffé th. 7.

Cette base peut se décliner avec toutes sortes de restes, comme l'osso-buco, le bœuf-carottes ou la brandade de morue. Il suffit simplement, si vous n'en aviez pas fait, de préparer de la purée avec 4 grosses pommes de terre cuites à l'eau salée, écrasées ensuite dans 1/3 l de lait chaud entier, sans oublier de poivrer.

*

Après le sauté de porc, le rosbif ou le rôti de veau du déjeuner, et leur jus ou leur sauce si vous les avez conservés…

Pâté de porc

Ingrédients : *du sauté de porc avec sa sauce, 1 rouleau de pâte feuilletée, 3 œufs, 50 cl de crème fraîche, 1 bouquet de persil, sel, poivre.*

Plats et ustensiles : *1 mixeur, 1 saladier, 1 plat à tarte, 1 « cheminée », 1 pinceau de cuisine.*

Préchauffez le four th. 7. Mixez le rôti de porc avec sa sauce et le bouquet de persil. Liez dans le saladier avec les 2 œufs entiers battus. Salez et poivrez. Déroulez la pâte feuilletée sur le plat à tarte, et nappez-la avec la crème fraîche en prenant garde de laisser 2 cm sur les bords. Séparez le blanc du jaune du dernier œuf. Disposez la farce sur la moitié en demi-lune et repliez l'autre moitié par-dessus, en soudant les bords avec le blanc d'œuf pour obtenir une sorte de « calzone » italien. Badigeonnez au jaune d'œuf avec le pinceau et faites des croisillons avec la pointe de la fourchette. Plantez enfin la « cheminée », et enfournez 20 bonnes minutes.

Si vous n'avez pas de « cheminée », vous pouvez facilement en fabriquer une avec un rectangle de carton de 3 cm sur 1 cm enrobé de papier aluminium, enroulé et planté au milieu du pâté.

Hamburger savoyard au bœuf

Ingrédients : *400 g de rosbif, 2 œufs, 1 oignon, 200 g de fromage à raclette, 30 g de beurre, 1/2 bouquet de persil, sel, poivre.*

Plats et ustensiles : *1 mixeur, 1 saladier, 1 poêle, 1 plat à gratin.*

Préchauffez le gril th. 7. Mixez la viande avec son jus, l'oignon et le persil. Liez avec les œufs battus dans le saladier. Salez, poivrez et formez à la main 4 boulettes plates que vous ferez revenir 5 minutes dans la poêle beurrée. Placez-les ensuite dans le plat à gratin et posez sur chacune d'elles 2 tranches de raclette. Poivrez et faites griller le temps que le fromage fonde.

Cette recette peut être l'occasion d'utiliser le fameux appareil à raclette, ou la pierrade, aquis avec les points de fidélité gagnés dans une grande surface.

Veau grand-mère

Ingrédients : *4 tranches de veau, 150 g de gruyère râpé, 20 g de beurre, 25 cl de crème fraîche, sel, poivre.*

Plats et ustensiles : *1 plat à gratin.*

Préchauffez le four th. 7. Placez les tranches de veau sur le plat à gratin beurré, tartinez-les de crème fraîche et recouvrez-les de gruyère râpé. Poivrez très généreusement et salez légèrement. Enfournez 1/4 d'heure.

Ce plat peut être utilisé avec toutes sortes de rôtis.

*

Après l'aïoli d'un dîner d'été entre amis ou en famille, sous un figuier, une tonnelle ou dans la fraîcheur d'un appartement…

Brandade de morue Parmentier

Pour cette recette, il suffit de vous référer à celle du hachis Parmentier (p. 32), et de remplacer le poulet et son jus par de la morue et 6 cuillers à soupe d'huile d'olive.

« Tsibélès » avec des œufs durs

Ingrédients : *au moins 3 œufs durs, 1 belle botte de « cebettes » (ou 1 botte de petits oignons blancs sur laquelle vous prélevez les tiges vertes), 100 g de beurre, sel.*

Plats et ustensiles : *1 planche à découper, des ciseaux de cuisine, 1 couteau très bien aiguisé.*

Laissez ramollir le beurre à température ambiante ou près d'une source de chaleur. Sur la planche, coupez très finement au ciseau les tiges de « cebettes », et faites-en un tas sur lequel vous disposez d'abord les œufs, puis le beurre, également coupés en petits morceaux, jusqu'à l'obtention d'un fin hachis, sans oublier de saler.

Le « tsibélès » se sert avec du pain grillé. Vous pouvez éventuellement y ajouter des foies de volaille sautés au beurre et coupés, eux aussi, très finement.

*

Cette recette n'exige pas d'ingrédients supplémentaires en plus des restes et de la mayonnaise à l'ail, excepté un saladier et des couverts…

Salade aïoli

Le principe de cette recette est en effet de tout utiliser : la morue à émietter, les pommes de terre et les carottes à couper en rondelles, les œufs durs et les tomates en quartier, les haricots verts et l'aïoli. Il vous suffit ensuite de tout mélanger dans le saladier et de servir ce mets en plat unique.

Si, la veille, l'aïoli a été entièrement consommé, il suffit alors de faire une mayonnaise bien aillée.

*

Après les pommes de terre cuites à l'eau en trop grande quantité à l'occasion d'une soirée raclette, au cours de laquelle les invités ont davantage apprécié la charcuterie…

Salade d'oignons, œufs durs et câpres

Ingrédients : *des pommes de terre (notamment de bonnes rattes, comme celles de Noirmoutier), 2 beaux oignons blancs, 70 g de câpres, 1 sauce mousseline.*

Plats et ustensiles : *1 saladier, des couverts à salade.*

Émincez les oignons, coupez les pommes de terre en rondelles, et mélangez-les dans le saladier avec les câpres, puis avec la sauce mousseline.

S'il vous reste quelques cornichons que vous n'avez plus envie de voir traîner, n'hésitez pas à les couper en rondelles et à les ajouter à cette salade qui se déguste très bien en plat unique.
Une autre solution « du dimanche soir » consiste à servir tout simplement avec une jatte de 50 cl de crème fraîche vinaigrée, salée et poivrée, ou avec une sauce au yaourt grec à laquelle vous ajoutez 100 g d'épinards hachés, salés et poivrés à votre convenance…

*

Après le riz blanc qui devait accompagner les tomates à la provençale et les poissons grillés pêchés l'après-midi par les cousins…

Courgettes farcies à la brousse

Ingrédients : *du riz, 4 grosses courgettes, 1 œuf, 400 g de brousse, 1 bouquet de menthe, 2 cubes de bouillon de légumes, 4 cuillers à soupe d'huile d'olive, 75 g de parmesan râpé, sel, poivre.*

Plats et ustensiles : *1 casserole, 1 écumoire, 1 plat à gratin, 1 saladier.*

Préchauffez le four th. 7. Préparez le bouillon et faites-y les courgettes 1/4 d'heure. Après les avoir égouttées, posez-les sur le plat à gratin huilé. Coupez-en 1/4 dans le sens de la longueur et évidez-les. Hachez la menthe. Mélangez l'intérieur des courgettes, l'œuf battu, la brousse, la menthe, l'huile d'olive et au moins 200 g de riz. Salez, poivrez et remplissez généreusement les courgettes de cette farce en « débordant ». Refermez avec les petits quarts de courgette. Saupoudrez de parmesan et laissez cuire au four 10 minutes environ.

Vous pouvez aussi utiliser 8 petites courgettes et davantage de riz selon vos proportions.

Sushis de poireaux

Ingrédients : *du riz, 2 gros poireaux, 1 vingtaine de crevettes décortiquées, 30 g d'œufs de saumon, 1 bouquet de ciboulette.*

Plats et ustensiles : *1 casserole, papier absorbant.*

Nettoyez les poireaux en ne gardant que les plus belles feuilles vertes que vous ferez ensuite cuire à l'eau bouillante salée environ 10 minutes. À la dernière minute, plongez-y aussi quelques brins de ciboulette pour qu'ils soient plus faciles à nouer. Égouttez-les et épongez-les avec le papier absorbant. Coupez des rectangles de poireaux d'environ 5 cm sur 12. Étalez-y 1 cuiller à soupe de riz et ajoutez une crevette. Roulez la feuille sur elle-même et « fermez » avec un brin de ciboulette à nouer. Après avoir redressé le « simili sushi », couvrez le dessus avec les œufs de saumon.

Prêtez-vous au jeu de ce mets japonais, et remplacez les fourchettes par des baguettes !

*

« Antipasti » (pour les pâtes accommodées à l'huile d'olive)

Ingrédients : *des pâtes, 1 courgette, 1 yaourt grec, quelques tomates cerise, 6 cuillers à soupe d'huile d'olive, 1 citron, 1 gousse d'ail, sel, poivre.*

Plats et ustensiles : *1 casserole, 1 saladier, des couverts à salade.*

Épluchez et faites pocher la courgette quelques minutes avant de la découper en petits bâtonnets. Émincez la gousse d'ail et incorporez l'ensemble aux pâtes et aux tomates cerise. Préparez la sauce au yaourt et mélangez le tout. Servez bien frais.

Vous pouvez aussi rajouter des olives noires ou de la tapenade toute prête.

Gratin de pâtes (pour les pâtes préparées au beurre)

Reportez-vous ici à la recette du gratin de poisson, pommes de terre et œufs durs (p. 16), et remplacez les ingrédients par des pâtes, 100 g de champignons de Paris grossièrement émincés et pochés, et 100 g de jambon coupés en petits cubes.

Dans les deux cas, il vaut mieux éviter les spaghettis, car ils « vieillissent » mal. Préférez-leur plutôt les torti, les penne ou les macaroni.

*

Après les légumes d'accompagnement, tels que les asperges, les champignons ou les épinards à la crème, les carottes Vichy ou la ratatouille, un peu tristounets cuisinés et servis seuls…

Ingrédients communs aux trois préparations qui suivent : *3 œufs, 2 cuillers à soupe d'huile d'olive, sel, poivre.*

Tarte : étalez dans un plat à tarte huilé 1 rouleau de pâte brisée. Garnissez-le des légumes mélangés aux œufs battus, salez et poivrez. Laissez cuire au four 30 minutes th. 7.

Flan : ajoutez 20 cl de lait au mélange de légumes et d'œufs battus, salez et poivrez. Versez-le ensuite dans un plat à gratin huilé. Enfournez 30 minutes th. 7.

Soufflé : incorporez la béchamel aux légumes, ainsi que les jaunes d'œuf et les blancs battus en neige ferme. Versez la préparation dans des ramequins individuels huilés. Faites cuire 20 minutes au four th. 7.

Comme leurs camarades les œufs cocotte ou les brouillades, ces recettes se déclinent à l'infini…

*

Après la compote de fruits maison si délicieuse le premier soir quand elle était encore tiède, mais qu'on a fini par délaisser…

Semoule à la compote

Ingrédients : *de la compote, 120 g de semoule fine, 3/4 l de lait, 30 g de beurre, 30 g de sucre, 2 sachets de sucre vanillé.*

Plats et ustensiles : *1 casserole, 1 plat à gratin, 1 cuiller en bois.*

Portez le lait à ébullition et jetez-y la semoule pendant 10 minutes. Incorporez le beurre et le sucre en poudre en remuant énergiquement. Tapissez le plat à gratin d'une couche de compote. Recouvrez-la d'une couche de semoule, puis alternez à nouveau une couche de compote et une couche de semoule. Nappez de sucre vanillé et mettez la préparation au réfrigérateur.

Vous pouvez rajouter une gousse de vanille fendue dans le lait et moduler les proportions de sucre selon votre compote, très sucrée ou non.

Ces lots qui nous narguent dans le garde-manger

Nous savons tous qu'il serait plus raisonnable de n'acheter qu'un seul produit, de meilleure qualité qui, certes partira trop vite mais aura au moins l'avantage de faire plaisir et d'être apprécié à sa juste valeur. Cependant, qui n'a jamais été tenté, en faisant ses courses, par les nombreuses et toujours exceptionnelles offres promotionnelles ? Et nous voilà de retour à la maison, les bras surchargés de paquets, de lots vendus par deux ou trois, dont on ne sait plus quoi faire, et qui vont traîner pendant des jours dans les placards…

Avec deux rouleaux de pâte feuilletée, parce qu'un petit moule en forme de sapin était offert avec le lot :

Palmiers, allumettes, croissants et croustades

Ingrédients communs aux quatre préparations qui suivent : *plusieurs rouleaux de pâte feuilletée, 100 g de tapenade en pot, 200 g de gruyère râpé, 300 g de champignons, 50 g de filets d'anchois à l'huile d'olive, 30 g de beurre, 1 cuiller à soupe de persil, sel, poivre.*

Plats et ustensiles : *1 planche à découper, 1 poêle, la plaque du four recouverte de papier sulfurisé, 1 moule individuel.*

Pour réaliser tous ces amuse-gueules, préchauffez le four th. 7, étalez un rouleau de pâte sur la planche de bois dès sa sortie du réfrigérateur, et laissez cuire 1/4 d'heure sur la plaque du four.

Palmiers : tartinez la pâte avec la tapenade, enroulez les deux bords opposés sur eux-mêmes jusqu'à ce qu'ils se touchent. Coupez des rondelles qui forment ainsi des « palmiers » et déposez-les sur la plaque.

Allumettes : tartinez la pâte avec le beurre ramolli à température ambiante. Saupoudrez de gruyère râpé et poivrez. Coupez des lanières de 10 cm sur 3, tordez-les sur elles-mêmes et déposez-les sur la plaque.

Croissants : coupez des triangles de 10 cm sur 3. Posez sur chacun un filet d'anchois et enroulez-les sur eux-mêmes, pointe à l'extérieur, en les courbant légèrement de façon à obtenir des croissants.

Croustades : découpez des cercles avec un moule individuel retourné. Piquez-les à la fourchette. Pendant leur cuisson, faites revenir les champignons à la poêle dans le beurre. Salez, poivrez et répartissez sur les croustades sorties du four. Saupoudrez de persil haché.

Tourte à la feta

Ingrédients : *2 rouleaux de pâte feuilletée, 250 g de feta, 2 œufs, 1 yaourt grec, 1 bouquet de menthe, sel, poivre.*

Plats et ustensiles : *1 plat à tarte, 1 mixeur, 1 « cheminée ».*

Préchauffez le four th. 7. Mixez la feta avec le yaourt et le bouquet de menthe. Salez et poivrez. Incorporez un œuf entier et séparez le blanc du jaune de l'autre œuf. Étalez un des rouleaux sur le plat à tarte. Tapissez du mélange obtenu, et recouvrez le tout avec le rouleau qui reste. Soudez les bords avec le blanc d'œuf et badigeonnez le dessus avec le jaune, tout en traçant des croisillons avec la pointe de la fourchette, comme pour la flamiche (p. 24). Laissez cuire une 1/2 heure.

Vous pouvez servir cette tourte avec une salade de concombres à la sauce au yaourt à la menthe.

*

Avec le chorizo vendu « deux pour le prix d'un »...

Brouillade espagnole

Ingrédients : *du chorizo, 8 œufs, 1 poivron vert et 1 poivron rouge, 1 cuiller à soupe d'huile d'olive, sel, poivre.*

Plats et ustensiles : *1 poêle, 1 cuiller en bois, 1 saladier, 1 fouet.*

Coupez le chorizo en rondelles et les poivrons en cubes. Faites-les revenir à feu doux 1/4 d'heure à la poêle. Dans le saladier, fouettez les œufs en omelette, salez, poivrez et versez la cuiller d'huile d'olive. Jetez le mélange dans la poêle sans cesser de décoller avec la cuiller en bois, jusqu'à ce que les œufs soient brouillés. Servez aussitôt.

Comme celle des œufs cocotte (p. 18) ou en gelée (p. 23), cette base peut se décliner de différentes manières en fonction des restes. On l'appellera alors « scandinave » au tarama et œufs de saumon (p. 72).

*

Avec les deux boudins noirs restés en rade, parce qu'une fois de plus, on en avait trop acheté…

Tarte salée aux pommes et aux boudins

Ingrédients : *2 boudins noirs, 1 rouleau de pâte feuilletée, 4 pommes, 2 oignons, 10 g de beurre, 1 pincée de cannelle, sel, poivre.*

Plats et ustensiles : *1 plat à tarte, 1 poêle.*

Préchauffez le four th. 7. Étalez le rouleau sur le plat à tarte. Émincez les oignons, faites-les revenir au beurre dans la poêle pendant 10 minutes et saupoudrez de cannelle. Étalez le rouleau sur le plat à tarte et tapissez-le avec les oignons. Coupez les pommes en lamelles et disposez-les au-dessus. Salez, poivrez et complétez avec les rondelles de boudin. Enfournez 1/2 heure.

Cette tarte se déguste en plat principal, avec une bonne salade verte.

*

Variations sur guacamole géant

Ingrédients : *10 avocats, 3 tomates, 3 citrons verts, 1 échalote, tabasco, sel, poivre.*

Plats et ustensiles : *1 casserole, 1 mixeur.*

Faites pocher les tomates à l'eau bouillante salée pour pouvoir les peler plus facilement. Mixez-les avec la chair des avocats évidés, l'échalote et le jus des citrons. Salez, poivrez et épicez avec le tabasco à votre convenance.

Vous pouvez servir ce guacamole :
- planté de grosses crevettes décortiquées, qui remplaceront les traditionnelles chips de maïs ;
- réparti en grosses cuillerées sur une soupe glacée de tomates ;
- parsemé de boulettes de 150 g de cottage cheese mixé avec 3 tranches de saumon fumé ;
- ou en couches alternées avec 125 g de chair de crabe dans des ramequins nappés d'œufs de saumon.

*

Avec le miel pour accompagner le thé pendant l'hiver ou les bonbons au miel pour adoucir la gorge mais qui n'ont plus aucun succès dès que les beaux jours reviennent…

Dorade confite

Ingrédients : *3 cuillers à soupe de miel, 1 dorade de 1 kg vidée et écaillée, 2 gousses d'ail, du gingembre frais et en poudre, 2 oignons, 3 tomates, 3 cuillers à soupe d'huile d'olive et 2 cuillers à soupe de sauce soja, sel, poivre.*

Plats et ustensiles : *1 plat à gratin, papier aluminium, 1 mixeur, 1 casserole, 1 saladier.*

Préchauffez le four th. 6. Placez la dorade dans le plat à gratin. Saupoudrez-la généreusement de gingembre en poudre et arrosez-la d'huile d'olive. Recouvrez-la entièrement de papier aluminium et laissez-la cuire 1/4 d'heure au four. Épluchez et mixez grossièrement l'ail, les oignons et environ 5 cm de gingembre frais coupé en lamelles. Faites cuire les tomates 10 minutes à l'eau bouillante salée avant de les peler. Écrasez-les ensuite dans le saladier et mélangez-les avec les aromates. Ajoutez le miel et la sauce soja, salez et poivrez. Recouvrez-en la dorade juste sortie du four, et faites-la cuire à nouveau 1/2 heure.

Vous pouvez accompagner ce plat avec de la semoule de couscous et une sauce au yaourt à la menthe.

Pain d'épice

Ingrédients : *250 g de miel, 220 g de farine complète, 125 g de beurre, 75 g de cassonade, 1 cuiller à soupe de cinq épices, 1 cuiller à café de levure, 2 œufs, sel.*

Plats et ustensiles : *1 casserole, 1 moule à cake.*

Préchauffez le four th. 4. Beurrez le moule et, à feu doux dans une casserole, faites fondre le beurre, le miel et le sucre tout en remuant énergiquement. Mélangez la farine, les cinq épices et la levure, puis incorporez délicatement les œufs battus. Salez et incorporez ensuite le sirop obtenu jusqu'à homogénéisation. Transvasez dans le moule à cake et laissez cuire 1 bonne heure.

Ne pas s'inquiéter si le dessus a une apparence « brûlée », l'intérieur n'en sera pas moins bon, au contraire…

Crème vanillée au miel

Ingrédients : *1 cuiller à café de miel, 1 dizaine de bonbons au miel, 14 sucres en morceaux, 7 cuillers à soupe de sucre en poudre, 1/2 l de lait, 3 œufs, 1 gousse de vanille.*

Plats et ustensiles : *1 casserole, 4 ramequins individuels, 1 plat à gratin.*

Préchauffez le four th. 5. Faites fondre le sucre en morceaux dans la casserole avec 1 cuiller à soupe d'eau. Dès que le caramel apparaît, répartissez-le dans les ramequins. Chauffez le lait avec la gousse de vanille fendue et grattée, le miel et le sucre en poudre, pendant environ 10 minutes. Hors du feu, ajoutez les œufs battus en remuant énergiquement et versez le mélange sur le caramel. Placez les 4 ramequins sur le plat à gratin et recouvrez-les à moitié d'eau. Faites-les cuire au bain-marie 40 minutes. Au moment de servir, recouvrez la préparation de bonbons concassés.

Vous pouvez concasser les bonbons en les écrasant au marteau dans un torchon.

*

Avec des macarons ou des spéculoos vendus « 10 francs ou 1,52 euro le lot de cinq paquets »…

Crumbles aux fruits rouges et aux amandes ou aux pommes et à la cannelle

Ingrédients : *250 g de macarons ou spéculoos, 150 g de beurre, 50 g de sucre en poudre, environ 1 livre de fruits rouges ou de pommes, 1 sachet de sucre vanillé.*

Plats et ustensiles : *1 mixeur, 1 poêle, 1 plat à gratin.*

Préchauffez le four th. 7. Laissez réduire à la poêle avec 30 g de beurre et le sucre en poudre des fruits rouges (fraises, framboises, myrtilles, groseilles, mûres, cassis…) ou des quartiers de pommes épluchés. Tapissez-en le plat à gratin beurré et saupoudrez avec le sucre vanillé. Mixez les biscuits (macarons pour les fruits rouges, spéculoos pour les pommes) et mélangez avec le reste de beurre ramolli pour obtenir une poudre sablonneuse, avec laquelle vous recouvrirez les fruits. Enfournez 20 minutes.

Si vous n'avez pas de fruits sous la main, n'hésitez pas à utiliser des compotes (p. 61) ou des confitures (p. 64).

*

Avec des madeleines achetées uniquement pour leur jolie boîte ovale en bois de Commercy…

Tiramisu aux madeleines

Ingrédients : *environ 16 madeleines, 400 g de mascarpone, 100 g de sucre en poudre, 2 sachets de sucre vanillé, 2 œufs, 1 bon bol de café fort, 3 cuillers à soupe de cacao amer.*

Plats et ustensiles : *1 saladier, 1 plat à gratin, 1 fouet.*

Dans le saladier, arrosez les madeleines avec le café. Laissez-les s'imbiber puis écrasez-les à la fourchette. Séparez les jaunes et les blancs d'œufs. Fouettez énergiquement les jaunes avec le sucre en poudre et le sucre vanillé. Ajoutez le mascarpone. Battez les blancs en neige bien ferme et incorporez-les délicatement au mélange. Dans le plat à gratin, alternez deux fois une couche de madeleines et une couche du mélange. Mettez ensuite la préparation au moins 24 heures au réfrigérateur. Saupoudrez avec le cacao juste avant de servir.

Même si le mascarpone est un peu moins courant dans nos placards, ce dessert permet au moins d'utiliser un reste de café froid, de boudoirs à la place des madeleines, ou encore de glace au tiramisu à la place du mélange. Bref, c'est une recette simple et délicieuse, qui fait son effet…

*

Avec des plaquettes de chocolat de couverture qu'on n'a pas hésité à acheter «par trois» parce que le chocolat c'est bon, et qu'il n'y en a jamais trop...

Variations sur chocolat

Ingrédients communs aux trois préparations qui suivent : *des plaquettes de 200 g de chocolat de couverture, œufs, beurre, sucre, farine.*

Plats et ustensiles : *1 saladier, 1 casserole, 1 cuiller en bois, 1 moule à cake, 1 batteur.*

Fondant : préchauffez le four th. 7. Faites fondre 150 g de carrés de chocolat avec 150 g de beurre en remuant continuellement avec la cuiller en bois. Versez le mélange dans le saladier, incorporez 150 g de sucre en poudre et 80 g de farine, puis les jaunes de 4 œufs et, très délicatement, les 4 blancs battus en neige ferme. Transvasez dans le moule à cake beurré et saupoudré de sucre en poudre. Laissez cuire 20 minutes environ et mettez ensuite au frais.

Mousse : faites fondre à la casserole 250 g de carrés de chocolat avec 50 g de beurre sans cesser de remuer. Mélangez vigoureusement 3 jaunes d'œuf avec 125 g de sucre puis le mélange au chocolat. Incorporez très délicatement 4 blancs d'œuf battus en neige ferme et mettez la préparation au frais.

Marquise : faites fondre 300 g de carrés de chocolat avec 200 g de beurre tout en remuant avec la cuiller en bois. Mélangez vigoureusement 6 jaunes d'œuf avec 80 g de sucre. Ajoutez ensuite la préparation au chocolat. Incorporez très délicatement 6 blancs d'œuf battus en neige ferme. Conservez la «marquise» au congélateur au moins 5 heures, et sortez-la 20 minutes avant de servir.

Des écorces d'orange confites, des brins de menthe ou du sucre glace, délicieux avec le chocolat, peuvent venir agrémenter ces recettes.

Avant de rendre le chalet de ski, liquidons les stocks !

Le dernier soir des vacances passées avec des amis, à la montagne, en Bretagne ou à la campagne, on est toujours un peu triste à l'idée de se séparer. Les enfants sont énervés à la perspective du voyage, et puis il y a aussi toutes ces provisions amenées par chacun et qu'il faut bien finir... Alors pourquoi ne pas en profiter pour faire un dîner de fête ? Il suffit pour cela d'utiliser le maximum d'aliments, pour repartir le plus léger possible et affronter les embouteillages du retour chargés seulement de souvenirs (les nombreuses descentes aux flambeaux, les grandes traversées du lac à la nage et les épuisettes victorieuses...).

Avec des boîtes de thon (ou de chair de crabe) prévues pour les salades niçoises ou bretonnes qui, finalement, n'ont pas été faites…

« Thoïonade »

Ingrédients : *200 g de thon, 1 cuiller à soupe de moutarde, 90 g de câpres, 25 g de thym, 6 cuillers à soupe d'huile d'olive, sel, poivre.*

Plats et ustensiles : *1 mixeur, 1 saladier.*

Mixez l'ensemble et ajustez à votre convenance.

Mousse de crabe et ricotta

Ingrédients : *200 g de chair de crabe, 100 g de ricotta, 1 jus de citron, 1 bouquet d'aneth, paprika, sel, poivre.*

Plats et ustensiles : *1 mixeur, 1 saladier.*

Mixez l'ensemble et ajustez selon votre goût.

La « thoïonade » et la mousse de crabe sont excellentes avec du pain grillé.

*

Avec des talons ou des tranches de jambon achetées en trop pour les sandwichs...

Pain perdu salé

Ingrédients : *l'équivalent de 4 tranches de jambon, 4 tranches de pain, 2 œufs, 30 cl de lait, 100 g de gruyère râpé, 30 g de beurre.*

Plats et ustensiles : *1 saladier, 1 mixeur, 1 plat à gratin.*

Préchauffez le four th. 6. Mélangez les œufs battus et le lait. Arrosez avec les tranches de pain placées sur le plat à gratin beurré. Disposez par-dessus le jambon mixé puis le gruyère râpé. Laissez cuire 20 minutes.

Le gruyère râpé peut être remplacé par du fromage à raclette, si vous préférez, ou si vous êtes au ski...

Œufs en gelée, jambon et filet d'estragon

Pour cette préparation, référez-vous à la recette des œufs en gelée (p. 23) et remplacez la volaille par le jambon.

Cette recette peut être également utile pour terminer les œufs qui restent.

*

Avec les légumes achetés en chemin à un producteur local, ou apportés par le voisin…

Commençons d'abord par les légumes d'hiver (poireaux, carottes, oignons…), et pour sortir de l'incontournable pot-au-feu…

Lasagnes aux poireaux et à la ricotta

Ingrédients : *au moins 3 poireaux, 500 g de lasagnes, 500 g de ricotta, 2 œufs, 80 g de parmesan râpé, 30 g de beurre, 25 cl de crème fraîche, 3 cuillers à soupe d'huile d'olive, thym, sel, poivre.*

Plats et ustensiles : *1 faitout, 1 écumoire, 1 poêle, 1 plat à gratin, 1 cuiller en bois, 1 torchon.*

Préchauffez le four th. 7. Pochez les lasagnes quelques minutes dans le faitout à l'eau salée et huilée pour les assouplir. Égouttez-les, passez-les sous l'eau froide et étalez-les côte à côte sur le torchon. À la poêle pendant 1/2 heure, faites fondre les poireaux coupés en rondelles dans 2 cuillers à soupe d'huile d'olive et le thym. Hors du feu, ajoutez la crème sans cesser de remuer. Salez, poivrez et incorporez la ricotta. Dans le plat à gratin beurré, alternez deux fois une couche de lasagnes et une couche de poireaux saupoudrée de parmesan. Enfournez 1/2 heure.

Pour utiliser les poireaux, référez-vous aussi aux recettes de penne (p. 20), de flamiche (p. 24), de simili de sushis (p. 39) et de bouchées (p. 67)…

Salade tiède de carottes au curry

Ingrédients : *1 kg de carottes, 1 yaourt grec, 5 cuillers à soupe d'huile d'olive, 2 gousses d'ail, curry, sel, poivre.*

Plats et ustensiles : *1 casserole, 1 écumoire, 1 saladier.*

Cuire 1/4 d'heure à l'eau bouillante salée les carottes épluchées et coupées en rondelles pour qu'elles soient « al dente ». Une fois égouttées, mélangez-les avec le yaourt grec, l'huile d'olive et l'ail émincé. Salez, poivrez et saupoudrez généreusement de curry. Ajustez l'assaisonnement à votre goût.

Le mélange de l'ail et du curry peut très bien être remplacé par du cumin et de la coriandre.

Gratinée à l'oignon

Ingrédients : *1 filet d'oignons, 4 cubes de bouillon de volaille, 80 g de beurre, 100 g de gruyère râpé, 1 cuiller à soupe de farine, 1 cuiller à soupe de grains de sésame, pain au sésame, poivre.*

Plats et ustensiles : *1 casserole, 4 ramequins individuels.*

Émincez les oignons et faites-les revenir dans le beurre pendant quelques minutes. Faites-les ensuite roussir à la farine, puis versez 1,5 l d'eau et ajoutez les cubes. Laissez mijoter 1/2 heure en couvrant et versez le mélange dans les ramequins. Faites griller légèrement les tartines de pain au sésame et déposez-les sur le bouillon. Recouvrez-les alors de gruyère râpé et de grains de sésame. Poivrez et passez au gril 2 minutes.

Idéal aussi pour utiliser le pain rassis, qui n'est pas obligé d'être au sésame (p. 27) et les sachets de gruyère entamés (p. 27).

Avec les légumes d'été (courgettes, aubergines, tomates...), pour sortir de la traditionnelle ratatouille...

Soupe paysanne

Ingrédients : *des légumes d'été, environ 200 g d'un beau morceau de lard, 100 g de parmesan râpé, 2 gousses d'ail, 1 oignon, 1 branche de marjolaine, 3 cuillers à soupe d'huile d'olive, sel, poivre.*

Plats et ustensiles : *1 faitout.*

Épluchez les légumes et coupez-les en dés. Émincez l'oignon et l'ail. Versez l'ensemble dans le faitout rempli de 2 litres d'eau salée. Ajoutez le lard, l'huile d'olive et la marjolaine. Laissez mijoter à petit bouillon 1 à 2 heures en vérifiant régulièrement le niveau d'eau et en le rétablissant si nécessaire. Saupoudrez de parmesan au moment de servir et poivrez.

Le lard peut être remplacé par un talon de jambon cru ou corse et des pâtes, des petits macaroni coupés, peuvent être ajoutées 10 minutes avant de servir pour donner un aspect de minestrone à la recette.

*

Avec les fruits restés dans la corbeille…

Compotes

Ingrédients : *1 bon kg de fruits, 2 cuillers à soupe de sucre en poudre, 2 sachets de sucre vanillé, miel, cannelle, gingembre frais râpé, jus de pommes ou de raisins, vin rouge, sel, poivre.*

Plats et ustensiles : *1 poêle, 1 cuiller en bois.*

Épluchez les fruits et faites mijoter le tout à la poêle avec 2 cuillers à soupe d'eau et le sucre en poudre. Remuez continuellement pendant plus ou moins 20 minutes, selon les fruits que vous avez mis.
Pour la plus classique, la compote de pommes, vous pouvez ajouter de la cannelle qui donne davantage de goût. Mais si vous la destinez à accompagner un boudin noir, salez et poivrez au lieu de sucrer (et reportez-vous à la recette de la tarte au boudin noir (p. 47), s'il vous reste de l'une ou de l'autre des compotes).
Pour faire une compote de poires ou de fruits rouges, comptez le double de sucre ou ajoutez le sucre vanillé et du gingembre frais râpé. Et pour lui donner un aspect plus confit, faites macérer les fruits pendant 12 heures dans du jus de pommes pour les pêches et les fraises, ou dans du jus de raisins pour les pommes et les poires, voire du vin rouge. En plein hiver, n'hésitez pas à rajouter 1 cuiller de miel hors du feu ou quelques rondelles de banane.

La compote peut être utilisée à la place des fruits dans le crumble (p. 52)

Taboulé aux fruits

Ingrédients : *1 bon kg de fruits juteux (poires, pêches, fraises), 100 g de semoule de couscous, 50 g de sucre en poudre, 1 sachet de sucre vanillé, 2 citrons, 1 bouquet de menthe.*

Plats et ustensiles : *1 casserole, 1 saladier.*

Épluchez à part les fruits et coupez-les en dés. Pressez le jus d'un citron et arrosez les fruits avec. Ciselez la menthe et parsemez-la sur les fruits. Versez la semoule dans le saladier et mélangez la graine avec le sucre en poudre et le sucre vanillé. Arrosez du jus de l'autre citron pressé et d'un verre d'eau bouillante. Mélangez et ajoutez les fruits. Servez le taboulé frais.
Laissez gonfler une bonne heure.

Ce taboulé peut être servi avec une sauce au yaourt sucrée.

*

Pour pouvoir aussi terminer la bouteille de vin blanc doux entamée pour faire des kirs…

Sabayon aux fruits rouges

Ingrédients : *environ 400 g de fruits rouges, 1/2 verre de vin blanc doux, 1 citron, 5 jaunes d'œuf, 2 cuillers à soupe de crème fraîche, 80 g de sucre en poudre, 1 sachet de sucre vanillé.*

Plats et ustensiles : *1 saladier, 1 casserole, 1 batteur, 1 fouet, 4 ramequins.*

Préchauffez le gril th. 7. Épluchez et lavez les fruits rouges. Arrosez-les du jus de citron et disposez-les uniformément dans les ramequins. Dans le saladier, mélangez les jaunes d'œuf, le sucre en poudre et le sucre vanillé, ainsi que la crème fraîche. Posez le saladier sur une casserole d'eau frémissante (choisissez-le solide !) et fouettez le mélange au batteur jusqu'à l'obtention d'une mousse, puis ajoutez doucement le vin sans cesser de battre. Versez la préparation dans les ramequins et enfournez le temps que le sabayon dore. Servez tiède.

Le vin blanc peut être remplacé par du lait de coco ou du marsala, plus rare dans les placards, surtout si on est en vacances…

*

Avec des pots de confiture entamés qu'on n'a pas envie de rapporter parce qu'ils collent…

Tartes

Ingrédients communs aux deux préparations qui suivent : *200 g de confiture, 1 rouleau de pâte sablée.*

Plats et ustensiles : *1 plat à tarte, 1 saladier, 1 fouet.*

Tarte à la confiture de framboises et aux amandes : *125 g d'amandes en poudre, 125 g de beurre, 125 g de sucre en poudre, 2 œufs, 50 g d'amandes effilées.*

Préchauffez le four th. 7. Faites ramollir le beurre à température ambiante. Déroulez la pâte sur le plat. Fouettez le beurre et le sucre, puis la poudre d'amandes et les œufs. Nappez alors le fond de tarte du mélange obtenu et recouvrez-le de confiture. Saupoudrez la tarte avec les amandes et faites-la cuire 25 minutes environ.

Tarte à la confiture d'abricots et aux fruits secs : *1 quinzaine d'oreillons d'abricots, 30 g de beurre, 125 g de noisettes concassées.*

Plats et ustensiles : *1 poêle.*

Préchauffez le four th. 7. Déroulez la pâte sur le plat. Faites revenir les abricots quelques instants à la poêle beurrée. Retournez-les sur le fond de tarte et recouvrez-les de confiture. Saupoudrez avec les noisettes concassées et enfournez 25 minutes.

Dans les deux cas, s'il vous reste un peu de pâte, vous pouvez faire quelques croisillons (p. 86), comme sur les tartes autrichiennes…

*

Avec du pain d'épice acheté pour donner de l'énergie sur les pistes de ski...

Tarte épicée aux cèpes

Ingrédients : *environ 100 g de pain d'épice, 200 g de farine, 150 g de beurre, 5 jaunes d'œuf, 50 g de cèpes séchés, 15 cl de crème fraîche, cerfeuil, sel, poivre.*

Plats et ustensiles : *1 saladier, 1 mixeur, 1 plat à tarte.*

Préchauffez le four th. 7. Faites tremper les cèpes dans de l'eau tiède. Préparez la pâte en malaxant, dans le saladier, le pain d'épice émietté, la farine, 130 g de beurre, 2 jaunes d'œuf, 1 pincée de sel et 1 ou 2 cuillers à soupe d'eau, jusqu'à l'obtention d'une pâte homogène à laisser reposer en boule 1/2 heure environ. Pendant ce temps, mixez les cèpes avec la crème et les 3 jaunes d'œuf, salez et poivrez. Étalez la pâte sur le plat à tarte beurré, recouvrez-la avec la crème aux cèpes et enfournez 1/4 d'heure. Saupoudrez de cerfeuil au moment de servir.

Pour ceux qui aiment les mélanges « sucré-salé », vous pouvez décorer la tarte en ajoutant quelques zestes d'oranges.

Cake épicé au chocolat

Ingrédients : *1 douzaine de tranches de pain d'épice, 200 g de chocolat noir, 10 cl de crème fraîche, 120 g de beurre et 80 g d'oranges confites.*

Plats et ustensiles : *1 casserole, 1 cuiller en bois, 1 moule à cake, du film alimentaire.*

Faites fondre le chocolat avec 100 g de beurre sans cesser de remuer. Hors du feu, ajoutez la crème et les oranges confites coupées en petits morceaux. Laissez refroidir au réfrigérateur. Beurrez le moule à cake, tapissez-le de tranches de pain d'épice, et alternez avec le mélange au chocolat en finissant par une couche de pain d'épice. Recouvrez d'un film alimentaire et placez-le au congélateur environ 1/2 heure. Sortez le cake seulement au moment de servir.

Très agréable l'été avec un sorbet à l'orange ou l'hiver avec un coulis au chocolat.

*

Avec des fruits secs achetés en cas de petit creux…

Bouchées d'abricots secs et de poireaux

Ingrédients : *24 abricots secs, 3 poireaux, 6 cuillers à soupe d'huile de noix et 3 cuillers à soupe de vinaigre, sel, poivre.*

Plats et ustensiles : *1 casserole, 1 écumoire, des cure-dents en bois.*

Nettoyez les poireaux, puis faites-les cuire à l'eau bouillante salée pendant 10 minutes après les avoir fendus. Égouttez-les et épongez-les avec le papier absorbant. Coupez-les en lamelles d'environ 10 cm et faites-les mariner une bonne heure dans le mélange salé d'huile et de vinaigre. Enroulez chaque abricot dans une ou deux lamelles et maintenez-le avec un cure-dents en bois.

Des bouchées qui changent un peu des olives à l'apéritif…

Semoule aux raisins secs

Ingrédients : *1 grosse poignée de raisins secs, 200 g de semoule de couscous, 1/4 l d'eau et 4 cuillers à soupe d'huile d'olive, 1 pincée de cannelle, sel, poivre (pour la préparation salée) ou 1/4 l de lait avec 1 gousse de vanille, 30 g de beurre, 50 g de sucre en poudre (pour la préparation sucrée).*

Plats et ustensiles : *1 casserole, 1 saladier.*

Versez la semoule dans le saladier. Arrosez-la avec de l'eau ou du lait. Laissez gonfler 10 minutes. Détachez la graine à la fourchette en ajoutant les raisins secs et les différents ingrédients selon la préparation salée ou sucrée.

La semoule peut également être utilisée pour accompagner les brochettes (p. 19) et la dorade confite (p. 49) et servir de base au dessert à la compote (p. 42).

Ces dates limites de consommation qui se rapprochent

Les conditionnements modernes ne permettent pas de rationner les portions de « mayo » ou de pain de mie nécessaires au seul casse-croûte d'une sortie de fin d'année. Alors on se retrouve avec des tubes prisonniers du réfrigérateur qui nous énervent chaque fois qu'on l'ouvre, ou des paquets entamés qui ne finissent pas de s'entasser dans les placards, sans compter leur date limite de consommation qui nous rappelle qu'il faut les utiliser dans les plus brefs délais… Et si en plus vous êtes comme moi, un adepte des bons de réduction découpés directement sur les paquets cartonnés, ou de l'accumulation des Points Fidélité qui vous permettront d'obtenir l'appareil à raclette qui fait tant envie à vos enfants, alors vous devez souvent vous retrouver avec un Caddie plein de produits frais que vous n'auriez pas forcément achetés, ou que vous n'avez pas tout à fait l'habitude de cuisiner, d'autant plus qu'on ne sait pas toujours quoi en faire…

Avec du saumon fumé moins cher après les fêtes de fin d'année…

Sandwich pommes de terre

Ingrédients : *2 tranches de saumon fumé, 4 belles pommes de terre, 180 g de fromage frais breton salé, 1 citron, ciboulette, sel, poivre.*

Plats et ustensiles : *1 casserole.*

Faites cuire les pommes de terre 1/4 d'heure à l'eau salée. Laissez-les refroidir. Coupez-les dans le sens de la longueur et tartinez chaque face de fromage saupoudré de ciboulette. Posez ensuite 1/2 tranche de saumon. Citronnez et refermez.

Font beaucoup d'effet sortis d'un panier de pique-nique, enrobés d'un film protecteur…

Lasagnes froides au saumon

Ingrédients : *4 tranches de saumon fumé, 250 g de lasagnes, 4 cuillers à café d'œufs de saumon, 1 sauce au yaourt à l'aneth, 4 cuillers à soupe d'huile d'olive, gingembre en poudre, aneth en brins, sel, poivre.*

Plats et ustensiles : *1 casserole, 1 égouttoir, 1 plat à gratin, 1 torchon.*

Faites pocher les lasagnes dans l'eau bouillante huilée et salée. Égouttez-les, passez-les sous l'eau froide et étendez-les sur le torchon. Huilez le plat à gratin et tapissez-le d'une première couche de lasagnes. Tartinez de sauce au yaourt, salez, poivrez, déposez le saumon fumé et saupoudrez de gingembre. Renouvelez l'opération deux fois et terminez par les œufs de saumon. Servez frais et décorez avec des brins d'aneth.

Quitte ou double avec les enfants : les intrépides en raffolent, les ultraconservateurs font la moue…

Œuf en gelée, saumon et brin d'aneth

Reportez-vous à la recette des œufs en gelée (p. 23) et remplacez la volaille par le saumon et le brin d'estragon par de l'aneth.

*

Avec du tarama acheté pour sa jolie couleur rose en prévision d'un apéro qui s'est finalement résumé au pastis et aux olives…

Salade de pâtes au tarama et à l'avocat

Ingrédients : *du tarama, 500 g de pâtes (penne ou torti), 2 avocats bien mûrs, 1 citron, 1 sauce au yaourt, sel.*

Plats et ustensiles : *1 bol, 1 casserole, 1 écumoire, 1 saladier, des couverts à salade.*

Faites cuire les pâtes « al dente ». Évidez les avocats et coupez la chair en cubes dans un bol. Citronnez immédiatement, salez, et mélangez avec le tarama. Dès qu'elles sont cuites, versez les pâtes dans le saladier en les décollant avec la sauce au yaourt. Une fois refroidies, servez-les en disposant au-dessus d'elles le mélange d'avocats et de tarama.

À servir en plat unique car on est vite rassasié…

Brouillade scandinave

Pour cette recette, reportez-vous à celle de la brouillade espagnole (p. 46) en remplaçant le mélange de chorizo et de poivrons par celui de tarama et d'œufs de saumon, à intégrer directement aux œufs sans cuisson préalable.

*

Avec de la brandade de morue, parce qu'on n'avait plus envie d'en faire en gratin…

Soufflé de brandade de morue

Ingrédients : *300 g de brandade de morue, 2 pommes de terre, 25 cl de lait, 3 œufs, 2 cuillers à soupe d'huile d'olive, sel, poivre.*

Plats et ustensiles : *1 casserole, 1 batteur, 1 saladier, 4 ramequins.*

Préchauffez le four th. 7. Faites cuire les pommes de terre 1/4 d'heure à l'eau bouillante salée, puis écrasez-les avec le lait. Salez et poivrez. Incorporez cette purée à la brandade et ajoutez les jaunes d'œuf. Montez les blancs en neige ferme et incorporez-les délicatement à la préparation. Répartissez-les dans les ramequins bien huilés et enfournez 20 minutes.

Tarte à la brandade de morue

Ingrédients : *300 g de brandade de morue, 1 rouleau de pâte à tarte feuilletée, 4 tomates, 1 dizaine d'olives noires, thym, sel, poivre.*

Plats et ustensiles : *1 casserole, 1 plat à tarte.*

Préchauffez le four th. 7. Étalez la pâte sur le plat. Tapissez avec la brandade. Recouvrez avec les tomates coupées en rondelles, poivrées et salées. Disposez les olives et saupoudrez de thym. Enfournez 20 minutes.

Ces deux plats peuvent être servis en plat unique accompagné d'une salade de mâche à l'huile d'olive.

*

Avec les fromages frais « ail et fines herbes » ou de marque simili-italienne (brousse, ricotta, mozzarella)…

Champignons de Paris retournés

Ingrédients : *250 g de fromage frais, ail et fines herbes, 8 gros champignons de Paris.*

Plats et ustensiles : *1 plat à gratin.*

Préchauffez le four th. 7. Ôtez délicatement le pied des champignons et retournez-les tête en bas sur le plat à gratin. Garnissez leur chapeau de fromage de telle sorte qu'ils soient « bombés ». Faites-les cuire 1/4 d'heure.

Une recette simple qui fait le bonheur de beaucoup d'enfants et avec laquelle les adultes se régalent au moment de l'apéritif…

Duos de pâtes

Ingrédients communs aux trois préparations qui suivent : *duos de 250 g de fromage et 300 g environ de légumes, 500 g de pâtes, genre penne ou torti, 4 cuillers à soupe d'huile d'olive, 4 cubes de bouillon de légumes, 2 gousses d'ail, 75 g de parmesan râpé, 1 bouquet d'herbes, sel, poivre.*

Plats et ustensiles : *1 faitout, 1 écumoire, 1 mixeur, 1 saladier, des couverts à salade.*

Duo de brousse, courgettes et menthe : épluchez les courgettes et coupez-les en dés. Laissez-les cuire dans 2 l de bouillon de légumes 1/4 d'heure. Puis égouttez-les et mélangez-les à la brousse avec l'huile d'olive et la menthe ciselée. Salez et poivrez.

Duo de ricotta, épinards et ciboulette : pochez les épinards dans 2 l de bouillon de légumes pendant 10 minutes. Égouttez-les, mixez-les grossièrement et mélangez-les à la ricotta, avec l'huile d'olive et la ciboulette. Salez et poivrez.

Duo de mozzarella, tomates et thym : évidez le cœur des tomates puis faites-les cuire 10 minutes dans 2 l de bouillon de légumes. Égouttez-les, pelez-les et écrasez-les à la fourchette avec l'huile d'olive et le thym. Mélangez avec des petits cubes de mozzarella, salez et poivrez.

Faites cuire les pâtes « al dente » dans le même bouillon de légumes. Égouttez-les grossièrement pour garder un peu de bouillon et versez-les dans le saladier où se trouvent les duos de légumes. Mélangez immédiatement en veillant à ce que les pâtes et les duos s'interpénètrent bien. Servez-les saupoudrées de parmesan.

On peut toujours sortir de ces « classiques », même si on n'a pas toujours de légumes sous la main. En solution de dernière minute, parce que l'on vient juste de s'apercevoir que la date de péremption correspond au jour même, il suffit tout simplement d'incorporer les fromages dans un plat de pâtes nature à la place du beurre, arrosées d'huile d'olive, salées et poivrées.

Avec de la mayonnaise en tube pratique à utiliser pour améliorer les œufs durs lors d'un pique-nique…

Macédoine de légumes

Ingrédients : *mayonnaise en tube, 500 g de jardinière de légumes (pommes de terre et carottes coupées en petits dés avec des petits pois).*

Plats et ustensiles : *1 saladier, des couverts à salade.*

Pour cette recette, il suffit tout simplement de mélanger les légumes avec la mayonnaise.

Cette entrée peut être présentée avec des quarts de tomates et des moitiés d'œufs durs sur un même plat.

Rillettes de sardines

Ingrédients : *mayonnaise, 1 boîte de sardines à l'huile d'olive, 2 tranches de pain de mie.*

Plats et ustensiles : *1 mixeur.*

Pour obtenir les rillettes, il suffit juste de mixer l'ensemble.

Ces rillettes peuvent être servies sur des toasts coupés en triangles, idéal s'il vous reste aussi du pain de mie. Vous pouvez en outre remplacer les boîtes de sardines par des boîtes de thon (p. 56).

*

Avec des sachets de gruyère ou de parmesan râpés…

Soufflé au gruyère râpé

Référez-vous à la recette du soufflé (p. 41) et remplacez les légumes par du gruyère râpé.

Flan au parmesan râpé

Pour cette préparation, reportez-vous à celle du flan (p. 41) et remplacez les légumes par le parmesan râpé.
Vous pouvez également vous référer à toutes les recettes à base de gruyère ou de parmesan râpés de cet ouvrage.

Un coulis de tomates accompagne aussi bien le soufflé que le flan.

*

Avec un pot de moutarde entamé depuis trop longtemps…

Tapenade

Référez-vous ici à la recette de la « thoïonade » (p. 56) en remplaçant le thon par des olives noires dénoyautées.

Tarte à la tomate

Reportez-vous à la recette de la tarte à la brandade de morue (p. 73) et remplacez la brandade par la moutarde.

*

Avec des petits-suisses vendus par douze…

Soufflé enfantin

Ingrédients : *4 petits-suisses, 50 g de sucre en poudre, 3 sachets de sucre vanillé, 4 œufs, 30 g de beurre.*

Plats et ustensiles : *1 saladier, 1 batteur, 4 ramequins.*

Préchauffez le four th. 5. Mélangez les petits-suisses, le sucre, un sachet de sucre vanillé et les jaunes d'œuf. Montez les blancs en neige ferme avec 1 cuiller à café de sucre et incorporez-les délicatement au mélange. Versez dans les ramequins beurrés et sucrés avec 1/2 sachet de sucre vanillé. Enfournez 20 minutes.

Délicieux accompagné d'1 livre de fruits rouges (fraises, framboises…).

*

Avec les fameux yaourts à la grecque…

Sauces au yaourt

Ingrédients : *1 yaourt à la grecque, 1 citron, 4 cuillers à soupe d'huile d'olive, sel, poivre, herbes fraîches ou surgelées selon les recettes : menthe ou aneth, sucre en poudre.*

Plats et ustensiles : *1 bol, 1 cuiller en bois.*

Mélangez continuellement l'ensemble des ingrédients dans le bol avec la cuiller en bois.

Vous pouvez aussi vous reporter à toutes les recettes ci-dessus qui sont à base de yaourt.

*

Avec des brioches qui durcissent vite, une fois le paquet ouvert…

Brioches à la brousse et à la fleur d'oranger

Ingrédients : *4 tranches de brioche (ou 2 brioches coupées dans leur longueur), 200 g de brousse, 5 cuillers à soupe de cassonade, 1 cuiller à soupe de lait, 1 cuiller à café de fleur d'oranger, cannelle en poudre, 50 g d'amandes effilées.*

Plats et ustensiles : *1 plat à tarte, 1 poêle, 1 saladier.*

Préchauffez le gril th. 6. Sur le plat à tarte, saupoudrez chaque tranche d'une cuiller à soupe de cassonade et passez légèrement au grill pour dorer. Faites griller les amandes. Mélangez la brousse avec le lait, la fleur d'oranger, et la dernière cuiller à soupe de cassonade. Tartinez avec les brioches toastées, saupoudrez de cannelle et décorez avec les amandes.

Brioche perdue

Référez-vous à la recette du pain perdu aux amandes (p. 29) en remplaçant le pain par la brioche.

Ces deux brioches sont encore plus savoureuses avec de la glace à la vanille ou de la crème anglaise.

Qu'est-ce que je fais de ces blancs d'œuf ?

Lorsque vous séparez un jaune d'œuf pour faire briller les bords d'une tarte au citron, il vous reste le blanc. Du coup, vous vous dites que vous allez pouvoir faire une tarte meringuée, mais il vous faut davantage de blancs. Alors vous vous retrouvez avec trois jaunes. Bon, eh bien ! vous voilà maintenant lancé dans la mayonnaise… L'histoire pourrait se répéter encore longtemps, aussi ne vous inquiétez pas si devant vous s'immobilise toute une rangée d'ingrédients…

Avec les fanes des radis ou des carottes, ou les épluchures, restées sur le plan de travail…

Soupe aux « vestiges »

Ingrédients : *des « vestiges », 4 cubes de bouillon de volaille, 2 cuillers à soupe d'huile d'olive, sel, poivre.*

Plats et ustensiles : *1 faitout, 1 écumoire.*

Faites cuire les « vestiges » dans 2 l de bouillon de volaille avec l'huile d'olive. Laissez mijoter 1 heure en maintenant le niveau d'eau. Ôtez les « vestiges » à l'aide de l'écumoire. Assaisonnez selon votre goût.

Pour donner un aspect velouté, il suffit de rajouter de la crème fraîche.

*

Avec le court-bouillon où a cuit le poisson, ou l'eau dans laquelle ont cuit les asperges…

Sauce béchamel « light »

Référez-vous à la recette de la béchamel (p. 16) et remplacez le lait par cette eau de cuisson, idéale pour le gratin de poisson ou la sauce d'accompagnement des asperges.

*

Avec la sauce soja utilisée à l'occasion d'une soirée sushis…

Riz à la chinoise

Ingrédients : *4 cuillers à soupe de sauce soja, 500 g de riz, 2 poireaux, 4 carottes, 2 cubes de bouillon de volaille, 6 cuillers à soupe d'huile d'olive, sel, poivre.*

Plats et ustensiles : *1 casserole, 1 poêle, 1 cuiller en bois.*

Épluchez les poireaux et les carottes, puis coupez-les en rondelles. Portez à ébullition 2 l de bouillon. Faites revenir le riz dans l'huile et, une fois que les grains sont translucides, ajoutez le bouillon, puis les carottes et les poireaux. Laissez cuire 20 minutes en couvrant et remuant régulièrement pour que ça n'attache pas. Ajustez éventuellement le niveau de bouillon. Salez, poivrez, et versez la sauce soja avant de servir.

Des rondelles de saucisse de Toulouse peuvent également être rajoutées.

Poulet mariné

Ingrédients : *4 cuillers à soupe de sauce soja, 4 cuisses de poulets, gingembre frais, 2 cuillers à soupe d'huile d'olive, 1 citron, 1 cuiller à café de piment doux, 1 cuiller à café de curry, sel, poivre.*

Plats et ustensiles : *1 plat à gratin.*

La veille, faites mariner dans le plat à gratin le poulet avec la sauce soja, l'huile d'olive, le jus du citron, le gingembre râpé, le piment, le curry. Salez, poivrez. Le jour même du repas, préchauffez le four th. 7 et enfournez les cuisses de poulet une bonne 1/2 heure.

Ce plat est délicieux accompagné de guacamole (p. 48).

*

Avec les légumes (carottes, poireaux, champignons…) d'une ex-blanquette de veau, d'un ex-poisson poché dans la passoire, ou même le bouillon dans lequel a cuit une volaille…

Risotto

Reportez-vous à la recette du riz à la chinoise (p. 83) en remplaçant la sauce soja par de la ciboulette, en utilisant le « vrai » bouillon, et en rajoutant 75 g de parmesan.

Lasagnes

Référez-vous à la recette des lasagnes (p. 58), et remplacez la crème et le beurre par le bouillon afin de les rendre plus légères.

*

Avec les « ragotons » de fromage que personne ne veut finir…

Soit **râpés** pour gratiner (comme le comté ou le beaufort), soit **effilés** à l'économe (comme le parmesan ou la tome), sur une bonne salade à l'huile de noix.

*

Avec les jaunes d'œufs…

Mayonnaise maison

Ingrédients : *1 jaune d'œuf, 1 grosse cuiller à soupe de moutarde, 4 cuillers à soupe d'huile d'olive, sel, poivre.*

Plats et ustensiles : *1 bol, 1 batteur.*

Battez le jaune et la moutarde, puis incorporez doucement l'huile en continuant à battre. Ajustez l'assaisonnement à votre goût.

Accompagne très bien le poulet et le poisson froids (p. 15, 19).

« Brillant » des tartes et pâtés feuilletés

Référez-vous ici aux pages 24, 33 et 45.

*

Avec les blancs d'œufs…

Sauce mousseline

Il s'agit de la même recette que celle de la mayonnaise, il faut juste rajouter 1 blanc d'œuf battu en neige bien ferme.

Meringue des tartes ou des gratins de fruits

Ingrédients : *2 blancs d'œuf, 200 g de sucre glace.*

Plats et ustensiles : *1 batteur.*

Montez les blancs en neige ferme en incorporant progressivement le sucre glace jusqu'à ce qu'ils soient bien fermes.

Îles flottantes expresses

Ingrédients : *3 blancs d'œufs, sucre en poudre, lait, sucre vanillé.*

Plats et ustensiles : *1 saladier en Pyrex, 1 batteur.*

Montez les blancs en neige ferme en incorporant progressivement le sucre en poudre. Formez 4 belles îles à la cuiller à soupe et posez-les dans le saladier, sur le mélange de lait et de sucre vanillé. Cuire 2 minutes au micro-ondes en les retournant à mi-cuisson.

Cette recette peut être servie sur une bonne glace à la vanille fondue à température ambiante... ainsi que toutes les recettes qui contiennent uniquement des jaunes ou des blancs.

*

Avec des bouts de pâte à tarte inutilisés...

Croisillons

Découpez la pâte à tarte en lambeaux et disposez-les de façon à les croiser sur la tarte, à l'exemple des tartes autrichiennes (p. 64)

*

Thé glacé

Ingrédients : *du thé, des fruits et plus particulièrement des agrumes (oranges, citrons, pamplemousses…), cannelle et clous de girofle.*

Plats et ustensiles : *1 cruche.*

Laissez macérer 1/2 journée au réfrigérateur le thé avec les fruits découpés en rondelles et les clous de girofle. Avant de servir, rajoutez des glaçons et saupoudrez de cannelle.

Ce thé peut être agrémenté de sucre ou de miel.

*

Avec le café froid, parce qu'on ne peut pas toujours faire un tiramisu ou un cake aux petits bruns…

Sabayon au café

Ingrédients : *1 bol de café froid, 6 jaunes d'œuf, 120 g de sucre en poudre, 1 sachet de sucre vanillé, 1 cuiller à soupe de cacao amer.*

Plats et ustensiles : *1 saladier, 1 casserole, 1 fouet.*

Dans le saladier, mélangez les jaunes d'œuf, le sucre en poudre et le sucre vanillé. Posez-le ensuite sur une casserole d'eau frémissante (voir p. 63) et fouettez le mélange en ajoutant progressivement le café jusqu'à obtenir une apparence mousseuse. Mettez au frais et saupoudrez de cacao amer juste avant de servir.

Avec les blancs d'œuf qui restent, n'hésitez pas à confectionner des meringues en guise d'accompagnement (p. 86).

*

Avec les fruits confits restés en trop après un cake maison.

Tarte aux fruits confits et à la frangipane

Ingrédients : *des fruits confits, 1 rouleau de pâte sablée, 1 sachet de préparation pour frangipane toute prête, 2 cuillers à soupe de rhum.*

Plats et ustensiles : *1 saladier, 1 plat à tarte.*

Préchauffez le four th. 7. Étalez la pâte sur le plat à tarte et préparez la frangipane dans le saladier. Ajoutez les fruits confits et le rhum. Tapissez le fond de tarte avec le mélange. Enfournez 20 minutes.

Vous pouvez aussi saupoudrer la tarte de noisettes ou de pistaches concassées.

*

Avec l'eau de fleur d'oranger ouverte pour parfumer une salade de fruits…

Tarte à la brousse parfumée

Ingrédients : *2 cuillers à soupe d'eau de fleur d'oranger, 1 rouleau de pâte à tarte brisée, 300 g de brousse, 3 œufs, 50 g de sucre en poudre, le zeste d'1/2 citron non traité.*

Plats et ustensiles : *1 saladier, 1 plat à tarte, 1 batteur.*

Préchauffez le four th. 7. Étalez la pâte sur le plat. Mélangez la brousse et les jaunes d'œuf, le sucre, la fleur d'oranger et le zeste du citron coupé en petits morceaux. Montez les blancs en neige ferme et incorporez-les délicatement au mélange. Versez sur le fond de tarte et enfournez 20 minutes.

Vous pouvez y ajouter davantage de zestes pour la décorer.

*

Avec les flasques d'alcool de cuisine qui ont servi pour essayer une nouvelle recette comme le calvados…

Pain croûté aux pommes

Ingrédients : *10 cl de calvados, 4 tranches de brioche, 4 pommes, 2 jaunes d'œuf, 40 cl de crème fraîche, 90 g de sucre en poudre, 80 g de beurre, 1/2 citron.*

Plats et ustensiles : *1 poêle, 1 assiette, 1 saladier.*

Épluchez les pommes et coupez-les en quartiers. Citronnez-les, puis faites-les dorer à la poêle avec la moitié du beurre et du sucre. Dans le saladier, versez la moitié de la crème et l'autre moitié du sucre. Mélangez et faites-y tremper les tranches. Dès que les quartiers de pomme caramélisent, ajoutez le calvados et attendez qu'il soit évaporé avant d'y incorporer le reste de crème jusqu'à l'obtention d'une sauce crémeuse. Mettez l'ensemble de côté. À la place, faites dorer les tranches avec le reste du beurre. Servez-les recouvertes des pommes et de la crème.

Le calvados peut être remplacé par du jus de fruits, pour des enfants par exemple. Vous pouvez aussi utiliser du rhum pour la tarte aux fruits confits (p. 89) ou le pain perdu aux amandes (p. 29).

Conclusion

Finalement toutes ces «recettes du lendemain» permettent un nouvel usage des aliments qui n'en restent pas moins appétissants. Et ceux qui ont un congélateur n'auront ainsi plus l'angoisse d'en «faire trop», puisqu'ils pourront toujours mettre au frais le surplus de nourriture ou se préparer une réserve de petits plats individuels pour de futures soirées, seul ou entre amis, même si tous les aliments ne se conservent pas... Mais que cela n'empêche pas les autres, ceux qui vivent dans un tout petit studio et qui n'ont pas de place pour un congélateur ou ceux qui démarrent juste leur installation électroménagère, d'être créatifs et d'organiser des fêtes, tout en se laissant guider par *La Cuisine des fêtards* de Stéphanie Schwartzbrod, d'en faire parfois même plus que nécessaire puisque, de toute façon, ils sauront maintenant comment se retourner «le lendemain»...

Sans aller jusqu'à élever ces recyclages en expression contemporaine d'une nouvelle conscience citoyenne, ni les rabaisser en ratiocinations comme on achèterait des chaussures d'enfant une pointure au-dessus pour «faire de l'usage», on ne peut que constater leur tendance «écologique». Elle correspond en tout cas à notre époque où les fonds éthiques de placement et les produits issus du commerce équitable ont la cote, comme les joies de la récup' opposées à l'horreur du gâchis (où s'il n'est pas possible de le citer : «car ils mettent en valeur la pudeur de la retenue face à l'impudeur de l'opulence»).

*

Remerciements particuliers à Karine et Gilles, qui m'ont présentée à Librio, Stéphane et Sabine, les ex-Librio, Delphine et Isabelle, les Librio actuels, Stéphanie et Pierrot, mes camarades de coffret, maman et manou, mes inspiratrices maternelles, Guy et Catherine, Anne-Carole, Nathalie, Nadia, Emmanuelle et Maïssoun, mes amis prêteurs de recettes...

Index des ingrédients

Avocat
Avocat, 48, 72

Boissons et vins
Café, 53, 88
Calvados, 90
Jus de pommes, 61
Jus de raisins, 61
Lait de coco, 20
Rhum, 29, 89
Thé, 87
Vin blanc doux, 63
Vin rouge, 61

Champignons
Champignons divers, 27, 44 , 65
Champignons de Paris, 17, 20, 40, 74

Charcuterie
Boudins noirs, 47
Chorizo, 46
Jambon, 40, 57

Chocolat
Cacao amer, 53, 88
Chocolat, 54, 66
Mousse au chocolat, 30

Compote et confitures
Compote, 42
Confitures, 64

Corbeille de fruits
Fruits, 19, 22, 47, 52, 61, 62, 63, 90
Fruits confits, 66, 89

Desserts
Biscuits, 30
Brioche, 79, 90
Glace à la menthe, 30
Macarons, 52
Madeleines, 53
Mousse au chocolat, 30
Semoule, 42
Spéculoos, 52

Légumes et accompagnements
Carottes, 17, 59, 83
Courgettes, 27, 38, 40, 75
Épinards, 22, 75
Légumes divers, 74
Poireaux, 20, 24, 39, 58, 67, 83
Pommes de terre, 16, 26, 37, 70, 73
Purée, 32
Riz, 38, 39, 83
Semoule de couscous, 62, 68
Taboulé à la menthe, 14

Pain
Pain, 27, 28, 29, 57
Pain au sésame, 59
Pain d'épice, 65, 66
Pain de mie, 76

Pâtes
Lasagnes, 58, 71, 84
Restes de pâtes, 20, 40, 72, 75

Plateau de fromages
Bleu, 27
Brousse, 20, 38, 79, 89

Camembert, 25
Feta, 45
Fromage à raclette, 34
Fromage de chèvre, 24
Gruyère râpé, 16, 27, 32, 34, 44, 57, 59, 77
Mascarpone, 53
Mozzarella, 75
Parmesan, 20, 38, 58, 60, 75, 77, 84
Reblochon, 26
Ricotta, 56, 58, 75, 84

Pâtes à tarte
Pâte brisée, 25, 41, 89
Pâte feuilletée, 24, 33, 44, 45, 47, 73
Pâte sablée, 64, 89

Poissons et crustacés
Anchois, 44
Crabe, 56
Crevettes, 15, 39
Dorade, 14, 49
Morue, 35, 73
Œufs de saumon, 39, 71
Restes de poissons, 14, 15, 16, 17, 18
Sardines, 28, 76
Saumon fumé, 70, 71
Thon, 56

Préparations et sauces
Aïoli, 36
Mayonnaise, 22, 76, 85
Sauce au yaourt, 72
Sauce au yaourt à l'aneth, 71
Sauce béchamel « light », 82
Sauce mousseline, 37
Sauce soja, 49, 83
Tabasco, 48
Tapenade en pot, 44
Tarama, 72

Tomates
Tomates, 15, 48, 49, 73, 75, 77
Tomates cerise, 40
Tomates confites, 19, 28

Viandes
Porc, 33
Rosbif, 34
Veau, 34

Volaille
Canard, 22
Poulet, 22, 32, 83
Volailles, 19, 20, 21, 23

Yaourts
Yaourt grec, 40, 45, 59, 78
Petits-suisses, 78

Table des recettes

Antipasti (pour les pâtes accommodées à l'huile d'olive) 40
Bouchées d'abricots secs et de poireaux 67
Brandade de morue Parmentier 35
Brillant des tartes et pâtes feuilletées 85
Brioche perdue 79
Brioches à la brousse et à la fleur d'oranger 79
Brochettes de poisson froides 15
Brochettes de volaille froides 19
Brouillade espagnole 46
Brouillade scandinave 72
Bruschettas 27
Cake épicé au chocolat 66
Champignon de Paris retournés 74
Compotes 61
Coquilles de poisson 17
Coupes « after eight » 30
Courgettes farcies à la brousse 38
Crème vanillée au miel 51
Croisillons 86
Crumbles aux fruits rouges
et aux amandes ou aux pommes et à la cannelle 52
Dorade confite 49
Duos de pâtes 75
Flamiche au fromage de chèvre et aux poireaux 24
Flan au parmesan râpé 77
Fricassée de volaille blanche au lait de coco 21
Gratin de pâtes (pour les pâtes préparées au beurre) 40
Gratin de poisson, pommes de terre et œufs durs 16
Gratinée à l'oignon 59
Hachis Parmentier au poulet avec son jus 32
Hamburger savoyard au bœuf 34
Îles flottantes expresses 86
Lasagnes 84
Lasagnes aux poireaux et à la ricotta 58
Lasagnes froides au saumon 71
Macédoine de légumes 76
Mayonnaise maison 85
Meringue des tartes ou des gratins de fruits 86
Mise en bouche : palmiers, allumettes, croissants et croustades 44
Mousse de crabe et ricotta 56
Œufs cocotte au poisson 18
Œufs en gelée, jambon et filet d'estragon 57
Œufs en gelée, saumon et brin d'aneth 71
Œufs en gelée, volaille et brin d'estragon 23
Pain croûté aux pommes 90
Pain d'épice 50

Pain perdu aux amandes 29
Pain perdu salé 57
Palmiers, allumettes, croissants et croustades 44
Panade 28
Pâté de porc 33
Penne forestière 20
Poisson en écorce de taboulé à la menthe 14
Poulet mariné 83
Quiche ou croquettes au camembert 25
Rillettes de sardines 76
Risotto 84
Riz à la chinoise 83
Sabayon au café 88
Sabayon aux fruits rouges 63
Salade aïoli 36
Salade canard, orange, gingembre 22
Salade d'œufs en gelée, volaille et brin d'estragon 23
Salade d'oignons, œufs durs et câpres 37
Salade de pâtes au tarama et à l'avocat 72
Salade de poulet, œuf dur, mayonnaise 22
Salade tiède de carottes au curry 59
Sandwich pommes de terre 70
Sauce béchamel « light » 82
Sauce mousseline 85
Sauces au yaourt 78
Semoule à la compote 42
Semoule aux raisins secs 68
Soufflé au gruyère râpé 77
Soufflé de brandade de morue 73
Soufflé enfantin 78
Soupe aux vestiges 82
Soupe paysanne 60
Sushis de poireaux 39
Taboulé aux fruits 62
Tapenade 77
Tarte à la brandade de morue 73
Tarte à la brousse parfumée 89
Tarte à la tomate 77
Tarte aux fruits confits et à la frangipane 89
Tarte épicée aux cèpes 65
Tarte salée aux pommes et aux boudins 47
Tartes 64
Tartiflette expresse 26
Thé glacé 87
Thoïonade 56
Tiramisu aux madeleines 53
Tourte à la feta 45
Tsibélès 35
Variations sur chocolat 54
Variations sur guacamole géant 48
Veau grand-mère 34

Librio

493

Composition Chesteroc International Graphics
Achevé d'imprimer en Europe
à Pössneck (Thuringe, Allemagne)
en septembre 2001 pour le compte de E.J.L.
84, rue de Grenelle, 75007 Paris
Dépôt légal septembre 2001
Diffusion France et étranger : Flammarion